Zu behindert für diese Welt?

Reflexionen zur pädagogischen, gesellschaftspolitischen, medizinischen und ethischen Situation von Menschen mit Behinderung

von

Sandra Baumgärtner

Tectum Verlag
Marburg 2003

Baumgärtner, Sandra:
Zu behindert für diese Welt?.
Reflexionen zur pädagogischen, gesellschaftspolitischen, medizinischen und
ethischen Situation von Menschen mit Behinderung.
/ von Sandra Baumgärtner
- Marburg : Tectum Verlag, 2003
ISBN 978-3-8288-8495-3

© Tectum Verlag

Tectum Verlag
Marburg 2003

Danke

Ohne die folgenden Personen wäre diese Arbeit nicht in der Form zustande gekommen, wie sie nun vorliegt.

Zunächst möchte ich Jochen Lindauer danken, der mir in jeglicher Weise Hilfestellungen bot und mich in jeder Phase der Erarbeitung unterstützte.

In Bezug auf den theoretischen Hintergrund und die fachliche Korrektheit dieser Arbeit möchte ich Frau Prof. Dr. Ursula Stinkes für die konstruktiven Gespräche und Hinweise danken.

Ein weiteres Dankeschön geht an alle, die mir in der Zeit der Ausarbeitung mit stundenlangen Gesprächen und Diskussionen dabei halfen, Gedanken zu strukturieren und neue Sichtweisen zu erkennen.

Ein abschließendes Dankeschön gilt Yvonne Betz, die mir als Lektorin zur Seite stand, und Markus Alexander, der mir beim Layout behilflich war.

Inhaltsverzeichnis

I. Der medizinische Aspekt   9

  1. Pränatale Diagnostik   9
    a.) Ultraschall (Sonographie)   12
    b.) Fruchtwasseruntersuchung (Amniozentese)   13
    c.) Chorionzottenbiopsie   14

  2. Der § 218 und seine Verbindungen zur pränatalen Diagnostik   16

  3. Die Problematik von Frühgeborenen   19

  4. Die Bestimmungen der Bundesärztekammer   21

II. Exkurs: Die Bioethik-Konvention   29

III. Der ethische Aspekt   41

  1. Der Utilitarismus   43

  2. Der Präferenz-Utilitarismus   44
    a.) Der Personenbegriff   47
    b.) Das Potentialitätsargument   50
    c.) Das Subsidiaritätsprinzip   52
    d.) Der Wert des menschlichen Lebens   54

  3. Kritische Positionen zum Präferenz-Utilitarismus nach Singer   56
    a.) Leiblichkeit   57
    b.) Das Dammbruch-Argument   61
    c.) Der Begriff „Verantwortung" nach Hans Jonas   63
    d.) Diskurs-Ethik   65

IV. Der gesellschaftspolitische Aspekt　　69

1. Pluralität　　69

2. Das Gesundheitsideal　　73

3. Das Ideal einer „leidensfreien Gesellschaft"　　75

4. Die Problematik der Rechtssprechung　　77

5. Kosten-Nutzen-Analyse　　80

6. Die Anforderungen an die Eltern　　82

V. Die Stellung der Pädagogik　　85

1. Bildung als Grundrecht　　88

2. ‚Sonder'-Pädagogik　　90

3. Der Begriff der Integration　　93

4. Die schulische Integration　　98

5. Zusammenfassung der Positionen　　100

VI. Resümee　　105

Literaturverzeichnis　　115

VORWORT

Das vorliegende Buch fragt nach medizinischen, ethischen, gesellschaftspolitischen und pädagogischen Perspektiven auf Behinderung und Abtreibung. Es verschweigt weder die Bruchlinien, das Erschrecken und die Scham, die Fragestellungen im Zusammenhang von Abtreibung und Behinderung auslösen noch werden Widersprüche aufgelöst. Aber vielleicht liegt gerade hierin seine Stärke, dass es selbst in der Diskussion der Thematik jene Überheblichkeit abwehrt, die meint, Antworten auf letzte Fragen zu haben.

Worum geht es inhaltlich? Der Auftritt des australischen Moralphilosophen Peter Singer in der BRD ab den 70er Jahren hat die Behindertenpädagogik u.a. mit einer abgelegt geglaubten Bedingung der Moderne konfrontiert: Die Legitimierung der Bemessung menschlichen Lebens an der ökonomischen Brauchbarkeit und einem Wunschbild vom Menschen. Wie wir heute wissen, ist die Philosophie Peter Singers keine vorübergehende Erscheinung gewesen, die dann dem Vergessen anheim gestellt werden konnte, sondern ein unheilvoller Vorbote eines Denkens, das ohne Erschrecken menschliches Leben in Frage stellt. Seine moralphilosophischen Grundannahmen stehen u.a. im engen Zusammenhang mit den Diskussionen um Präimplantationsdiagnostik, Abtreibung und pränataler Diagnostik. Für Singer ist die Tötung eines behinderten (!) Ungeborenen oder Säuglings moralisch nicht gleichbedeutend mit der Tötung einer Person.

Durch gezielte, pränatal-diagnostische Verfahren können Erkrankungen und Schädigungen erkannt werden. Aber zugleich werden Frauen und Paare heute aufgrund der möglichen 'Gefahr' einer Behinderung ihres noch ungeborenen Kindes unmittelbar konfrontiert mit der erschreckenden Frage, ob dieses Kind 'zu behindert' ist für ihren Lebensentwurf und die Umwelt. Sie sind in der Situation, menschliches Leben (rechtlich abgesichert) zur

Disposition stellen zu können und geraten über den Entscheidungskonflikt nicht selten in eine innere Krise.

Oftmals gerät mangels professioneller Beratung die Bedeutsamkeit der Beziehung, des Erzieherischen und Sozialen, der Vielfalt der gesellschaftlichen Unterstützungsleistungen auf die Entwicklung des Kindes aus dem Blick. Daher wird beispielsweise die prognostizierte Diagnose 'Down-Syndrom' nicht selten von Frauen, Paaren und MedizinerInnen als Wesensaussage begriffen, die das ganze Kind umfassen soll. In der Folge ist die Wahrnehmung fixiert auf Defizite, Defekte und Unfähigkeiten, so dass das Kind vermeintlich lebenslang infantilisiert, geschlechtsneutralisiert und bevormundet werden muss.

Diese Einseitigkeit des Bildes von Behinderung ist u.a. einer umfassenden Ausblendung der Sozialität menschlichen Lebens geschuldet. Aber jeder Mensch lebt in Verhältnissen, die seine Lebenssituation und Lebensperspektive mitbestimmen: Von der Qualität der Beziehung, der Kommunikation und vor allem der Unterstützung hängt nicht selten ab, ob der Mensch mit Behinderung seine Potentiale zeigen, ausleben und für seine konkreten Lebensperspektiven nutzen kann. Dazu freilich, muss er zunächst einmal die Chance erhalten, ins Leben gerufen zu werden.

Das Buch diskutiert diese unterschiedlichen Problemfelder und macht deutlich, dass es nicht unsere Aufgabe sein kann, tödliches Mitleid für Menschen mit Behinderung zu entwickeln, sondern ein lebendiges, engagiertes und unterstützendes Mitleben.

Reutlingen, 2003   Prof. Dr. Ursula Stinkes

Einleitung

Auf Wunsch der Eltern soll ein Kind in der 25. Schwangerschaftswoche abgetrieben werden. Grund dafür ist die Diagnose „Trisomie 21".

Ist dieses Kind zu behindert für diese Welt?

Doch das Kind überlebt den Abtreibungsprozess.

Dieser nur knapp dargestellte Fall, der unter der Bezeichnung ‚Oldenburger Baby' bekannt wurde, führte 1997 zu großen Schlagzeilen und Diskussionen. Bis heute bewegt uns ein solcher Fall. Aber warum?

Ist es die Entrüstung, dass ein Kind aufgrund seiner bereits diagnostizierten Behinderung abgetrieben werden sollte? Oder ist es die Tatsache, dass ein Kind die eigene Abtreibung überlebt und in eine Welt geboren wird, in der es „unerwünscht" ist? Denn ist dieses Kind wirklich nur von den Eltern unerwünscht, die diese Entscheidung gefällt haben? Oder spielt nicht das Umfeld bzw. die Gesellschaft eine entscheidende Rolle?

Weitere Fragen stellten sich mir im Laufe meiner Recherchen. Weitere Aspekte kamen hinzu, die nun im Folgenden ausführlich dargestellt werden sollen.
Zunächst möchte ich mich den drei grundlegenden Aspekten der Medizin, der Ethik und der gesellschaftspolitischen Seite widmen. Daraus werden Hypothesen und Schlussfolgerungen für die Pädagogik abgeleitet. Es sollen unterschiedliche Positionen innerhalb der Pädagogik dargestellt werden. In einem Exkurs möchte ich auf die Bioethik-Konvention eingehen, sie kurz darstellen und ihre Diskussionspunkte aufzeigen.
Auch die Frage, welche Folgen diese Entwicklungen in der Medizin und in der Bioethik für die Sichtweise in Bezug auf Menschen mit Behinderung haben können, wird in dieser Arbeit thematisiert.

I. Der medizinische Aspekt

Im folgenden Kapitel werden nun zum einen die Methoden der pränatalen Diagnostik dargestellt, die es dem Menschen ermöglichen, schon während der Schwangerschaft Hinweise auf mögliche Krankheitsbilder, Missbildungen oder andere ‚außergewöhnliche Merkmale' zu entdecken. Im Falle eines Gendefekts können diese Hinweise zu Diagnosen werden. Liegen jedoch nicht genetisch bedingte Krankheiten oder Missbildungen vor, so sind diese Hinweise lediglich Wahrscheinlichkeiten, d. h. es kann keine klare Diagnose gestellt werden, aber einige Messwerte sprechen für die eine oder andere Krankheitsform. Auf diese Problematik und auf die daraus resultierende Entscheidungsvielfalt in Bezug auf das ungeborene Kind soll im Folgenden näher eingegangen werden. Zudem wird die besondere Situation von Frühgeborenen erläutert, um auch in diesem Bereich eingangs gestellte Frage *Zu behindert für diese Welt?* zu umreißen.

Zum zweiten wird der Paragraph § 218 Gegenstand dieses Kapitels sein. Die Änderungen dieses Paragraphs von 1995 und die daraus entstehende Problematik sollen thematisiert werden.
Durch die Abschaffung der eugenischen bzw. embryopathischen Indikation wurden neue Fragen aufgeworfen, die aus der nun erweiterten Regelung der medizinischen Indikation entstanden sind.

In einem dritten Teil dieses Kapitels möchte ich mich mit Bestimmungen der Bundesärztekammer (BÄK) beschäftigen. Sie geben Auskunft über die ‚offizielle' Sichtweise der Ärzteschaft zu bestimmten Fragestellungen, die auch für diese Arbeit von Belang sind.

1. Pränatale Diagnostik

Wir leben in einer Zeit, in der es fast schon eine Verpflichtung ist, sich gegen alles zu versichern bzw. alles im Voraus schon planen und kontrollieren zu können. In allen Bereichen unseres Lebens ist dies zu spüren. Von der Informationssuche bis ins kleinste Detail, um ‚Experte' in jedem Bereich zu sein, bis hin zur Inanspruchnahme aller Methoden und Verfahren, um nicht dem Vorwurf ausgesetzt zu sein, nicht alles genutzt zu haben, was es ‚auf dem Markt' gibt. Gerade im Gesundheitswesen ist dies deutlich zu spüren, da es jedem Patienten möglich ist, von verschiedenen Seiten Meinungen einzuholen und sie gegeneinander abzuwägen. Ohne diese Möglichkeit nun als negativ bewerten zu wollen, ist doch der Trend offensichtlich, dass man sich als Patient nicht dem Arzt als Experten ausliefern will, sondern statt dessen selbst so tief in die Materie eindringt, dass man glaubt, selbst entscheiden zu können, was aus medizinischer Sicht notwendig ist. Gleichzeitig stellt die Medizin mit ihren unzähligen Messapparaten und Untersuchungsmethoden eine Disziplin dar, die uns Objektivität vermittelt und uns glauben macht, dass der Mensch messbar und damit zu kontrollieren ist. In Bezug auf das ungeborene Leben bedeutet dies, dass ich von Anfang an ‚sichtbar' mache, was in meinem Körper vor sich geht. In gewissem Sinne geht es auch hier darum, den Körper zu kontrollieren.

Zum jetzigen Zeitpunkt ist es uns möglich, durch spezielle pränatale Verfahren Störungsbilder und Krankheitsrisiken aufzudecken. Aber mit welchem Ziel? In den meisten Fällen gibt es nur die Entscheidung für oder gegen den Abbruch der Schwangerschaft. In Zukunft sollen intrauterine Therapien eine weitere Alternative darstellen.

Der wohl nachvollziehbare Wunsch, ein gesundes Kind zu gebären, wird erweitert durch den Drang, alles erfahren und vor allem für alles eine Garantie haben zu wollen. Die Untersuchungsergebnisse sollen nicht nur aufdecken, sondern vor allem Sicherheit vermitteln. In den meisten Fällen ist dies auch der Fall. Der dringliche Wunsch eines gesunden Kindes macht die Frauen oft blind für den wahren, d.h. relativen Aussagewert der Ergebnisse. Hinzu kommt, dass viele nicht an die möglichen perinatalen oder postnatalen Schädigungen denken, die ja mit der pränatalen Diagnostik nicht ausgeschlossen werden können.

Die gängigen Untersuchungsmethoden der pränatalen Diagnostik setzen sich grob aus dem Ultraschall (Sonographie), der Fruchtwasseruntersuchung (Amniozentese) und der Chorionzottenbiopsie (CVS) zusammen. Hinzu kommen seltenere Methoden wie z.B. die Nabelschnurpunktion oder die Fetoskopie.

Man unterteilt all diese Methoden in invasive und nicht-invasive Verfahren. Bei den invasiven liegt ein Eingriff in den Körper der Schwangeren vor wie z.b. bei der Amniozentese. Die nicht-invasiven Verfahren hingegen greifen nicht direkt in den Körper ein, sondern visualisieren das ‚Innere' wie z.B. die Sonographie.

In vielerlei Hinsicht entstehen aus diesen pränatalen Verfahren Probleme und Fragen. Zum einen sind die meisten Methoden mit bestimmten Risiken sowohl für den Fötus als auch für die Mutter verbunden.

Zum anderen geben diese Tests oft kein eindeutiges Ergebnis wieder, sondern arbeiten mit Wahrscheinlichkeiten. Außerdem stellt sich dann noch die Frage, welche Konsequenzen das Ergebnis für die Schwangerschaft nun mit sich führt. Diese Frage sollte eigentlich schon vor dem Eingriff geklärt werden. Denn wie bereits erwähnt gibt es momentan nur zwei mögliche Alternativen: Abbruch ja oder nein?

Auch die Frage, für wen all diese Verfahren überhaupt in Betracht kommen, ist ein weites Feld. Der Begriff „Risikoschwangerschaft" begegnet schätzungsweise 60-80% aller Schwangeren (vgl. SCHINDELE, 1990, 36). Allein die Tatsache, dass der Zustand der Schwangerschaft nicht mehr als ein natürlicher Prozess angesehen wird, sondern lediglich in Bezug auf mögliche Komplikationen, denen man durch medizinische Vorsorge und „Medikalisierung" (SCHINDELE, 1990, 35) begegnen muss, spricht für sich. Es stellt sich die Frage, welches Risiko man im Falle einer Schwangerschaft eingeht und auf wen sich dieses bezieht. Steht die Mutter und ihre körperliche wie psychische Verfassung im Vordergrund oder ist es der Fötus, der von Krankheiten und Missbildungen bedroht scheint?

Die Indikatoren für mögliche Gefährdungen von Mutter und Kind sind im Mutterpass aufgeführt und teilen sich auf in die Lebens – und Krankengeschichte der Mutter und in den Verlauf während der Schwangerschaft.
Im ersten Teil werden also Faktoren wie Alter, Gesundheitszustand, Familienkrankheiten und Umwelteinflüsse erfasst und analysiert, die wiederum die statistische Höhe des Risikos ausmachen. Als Beispiel für die Relativität dieses Vorgehens möchte ich das Down-Syndrom anführen. Die Aussage, dass ältere Frauen häufiger Kinder mit Down-Syndrom bekommen, ist weitgehend bekannt. Aber ist dies lediglich eine statistische Übereinstimmung oder schon eine kausale Verbindung? Darüber gibt es noch keine eindeutigen Beweise. Welche Ursachen nun diese oder andere Chromosomenvariationen hervorrufen, muss erst weiter untersucht und geklärt werden. „Genau deshalb sind Aussagen über das Risiko, ein behindertes Baby zu bekommen, nur Verallgemeinerungen und keine gesicherten Prognosen." (BLATT, 1991, 165)
Zudem hat sich die Definition des Risikos stark verändert. Beispielsweise senkt sich die Altersgrenze einer sogenannten Spätgebärenden immer weiter. Früher waren damit Frauen über 40 gemeint, heute dagegen sinkt diese Grenze auf mittlerweile 34 Jahre. (vgl. BLATT, 1991, 169) Zudem ist diese Definition stark von der jeweiligen Gesellschaft geprägt. Das vorherrschende Bild eines gesunden Menschen prägt die Definition von Risiko. Auf diese Problematik soll jedoch in Kapitel 4 näher eingegangen werden.

a) Ultraschall (Sonographie)

Der Ultraschall ist wohl die häufigste und oft auch unumstrittenste Methode in der pränatalen Diagnostik. Sie hat nicht nur die Aufgabe, Hinweise zur Lage, zum Alter, zum Wachstum oder auch zur Geschlechtsidentifizierung zu geben. Sie ist auch eine begleitende Methode der invasiven Verfahren, d.h. sowohl die Amniozentese wie auch die Chorionzottenbiopsie können mit Hilfe des Ultraschalls überwacht werden.
Für die werdende Mutter und vor allem auch für den Partner bietet der Ultraschall den Blick auf das ungeborene Kind. Er ermöglicht die ständige

Einsicht in den Körper der Mutter und macht die Schwangerschaft dadurch ‚transparenter'. Die Sonographie wird deshalb auf Wunsch der Eltern und in Absprache mit dem behandelnden Arzt (dessen teure Geräte sich dadurch rentabel machen) oftmals häufiger eingesetzt als aus medizinischer Sicht notwendig ist. „Viele Ärzte halten die Sonographie für eine Chance, die Schranke zwischen Fötus und Außenwelt zu überwinden. (Diese Schranke ist die schwangere Frau)." (BLATT, 1991, 84)
Bisher wurde jedoch nicht eindeutig geklärt, ob die in elektrische Energie umgewandelten Schallwellen negative Auswirkungen auf das ungeborene Kind oder auf den Körper der Mutter haben kann. Zwar wird dies immer wieder von Ärzten bestritten, doch gibt es keinen stichhaltigen Beweis für die Unschädlichkeit dieser Strahlung.
Unumstritten ist der Einsatz dieses Gerätes bei chirurgischen Eingriffen, bei denen mit feinster Genauigkeit z.B. die Nabelschnur getroffen werden muss. Die Sonographie soll Verletzungen des Fötus vorbeugen und eine mögliche Fehlgeburt verhindern. Obwohl also keine direkten Negativeinwirkungen des Ultraschalls auf das ungeborene Leben bekannt sind, bleibt zumindest der häufige Einsatz dieser Methode fraglich.

b) Fruchtwasseruntersuchung (Amniozentese)

Die Fruchtwasseruntersuchung ist eine der invasiven Methoden, bei der mit einer Hohlnadel durch den Bauch der Mutter Fruchtwasser entnommen wird. Diese Probe kann dann aufgrund ihrer Zusammensetzung aus Zellen und chemischen Stoffen beispielsweise auf Chromosomenanomalien und den Alphafetoproteinwert (AFP) untersucht werden. Dieser AFP-Wert kann Hinweise auf Neuralrohrdefekte oder Hirnmissbildungen geben. Gründe für einen zu hohen oder zu niedrigen AFP-Wert können aber auch ‚harmloser' Art sein wie z.B. dem weiter als erwarteten Zeitpunkt der Schwangerschaft o.ä. .
Wieder liegt die Problematik darin, dass nur wahrscheinlich in Betracht kommende Komplikationen erwähnt werden und keine eindeutige Diagnose gestellt werden kann. Um diese zu stellen sind wiederum weitere Unter-

suchungen nötig. Die Realität für viele Frauen sieht also so aus, dass eine Untersuchung oft die nächste mit sich zieht. Will man also Sicherheit, so begibt man sich in einen Strudel von aufeinanderfolgenden Untersuchungsverfahren.

Eine weitere problematische Seite dieser Untersuchungsmethode besteht darin, dass sie erst im 2. Drittel der Schwangerschaft durchgeführt werden kann, da erst zu diesem Zeitpunkt ausreichend Zellmaterial des Fötus im Fruchtwasser enthalten ist. Für den Befund wird dann eine Zellkultur angelegt, die über einen Zeitraum von 3 bis 4 Wochen untersucht wird. Erst danach wird ein endgültiges Ergebnis ermittelt. Bis das Resultat also vorliegt, befindet sich die schwangere Frau bereits in der 20.-22. Schwangerschaftswoche. In dieser Zeit kommt es häufig zu den ersten Kindsbewegungen, was für viele Frauen ein einschneidendes Erlebnis ist, da sie zum ersten Mal ihr Kind spüren und erleben können. In einer solchen Zeit über eine mögliche Behinderung oder Krankheit nachzudenken, fällt sicher vielen Frauen nicht leicht.

Ein weiterer Streitpunkt sind die möglichen Risiken, die mit dieser Methode verbunden sind. Es kann sowohl zu Infektionen, Blutungen, Schädigungen des Kindes und zu einer Fehlgeburt kommen. Zwar werden all diese Risiken als „statistisch minimal" (BLATT, 1991 104) bewertet, doch ist der Verlust eines Kindes aufgrund einer Untersuchung im Voraus in Betracht zu ziehen, d.h. die Mutter bzw. die Eltern sollten immer über die Risiken aufgeklärt werden, um dann eine Entscheidung treffen zu können.

c) Chorionzottenbiopsie

Die Chorionzottenbiopsie zählt ebenfalls zu den invasiven Verfahren, bei dem ein Stück des äußeren Gewebes der Embryonalhülle (des Chorions) entnommen wird. Dieses Gewebe wird untersucht, um den genetischen Code des Fötus zu ermitteln. (vgl. BLATT, 1991, 108)
Diese Untersuchungsmethode kann im Vergleich zur Amniozentese in einem früheren Stadium der Schwangerschaft durchgeführt werden, d.h. zwi-

schen der 9. und 12. Woche. Außerdem liegen die Ergebnisse innerhalb von wenigen Tagen bereits vor.
Auch mit dieser Methode kann man eine Chromosomenanalyse durchführen und Stoffwechselerkrankungen und Erbkrankheiten feststellen. Neuralrohrdefekte können aufgrund des frühen Zeitpunktes noch nicht festgestellt werden. Insgesamt gilt sie als ungenauer und risikoreicher als die Amniozentese.
Zum einen ist nicht sicher, ob das Choriongewebe den genetischen Code des Fötus genau reflektiert, was also zu falschen Diagnosen führen könnte.
Zudem kommt es vor,

> „daß nicht genügend fötales Gewebe gewonnen werden kann und deshalb der Eingriff wiederholt werden muß. Zudem liegt das Risiko, dass selbst erfahrene Diagnostiker zu keinem Ergebnis kommen, zwischen 3 und 4%." (SCHINDELE, 1990, 80)

Ebenso wie bei der Fruchtwasseruntersuchung kann es bei diesem Eingriff zu Komplikationen kommen. Dazu zählen (häufig vorkommende) Infektionen, Blutungen, Verletzungen des Kindes und das Risiko einer Fehlgeburt ausgelöst durch das Reißen der Fruchtblase. Dieses Risiko ist bei der Chorionzottenbiopsie beträchtlich höher als bei der Amniozentese. (vgl. SCHINDELE, 1990, 83)

Nachdem nun die pränatalen Untersuchungsmethoden mit all ihren Vorteilen und Risiken dargestellt wurden, möchte ich noch auf einige ‚begleitende' Problemstellungen eingehen.
Es wurde bereits erläutert, dass für viele Frauen die Problematik auch darin besteht, dass häufig keine eindeutigen Diagnosen aus diesen Verfahren hervorgehen, sondern lediglich Wahrscheinlichkeiten, die die Entscheidungsfindung umso schwieriger machen. Dies wird oft begleitet von der Tatsache,

dass Frauen „unter Umständen das in ihnen heranwachsende Leben zunächst nicht annehmen und sich nicht voll auf die Schwangerschaft und die zukünftige Mutterschaft einlassen. Das tatsächliche oder auch nur potentielle Risiko einer Schädigung kann dazu führen, dass die Schwangerschaft zunächst nur unter Vorbehalt eingegangen wird." (DEDERICH, 2000, 262)

Diese „emotionale Schutzfunktion" kann also z. B. im Falle der Amniozentese bis ins 3. Schwangerschaftsdrittel andauern und auch langfristige Folgen haben. Zudem ist fraglich, ob Frauen überhaupt von dem „Recht auf Nichtwissen" Gebrauch machen können (vgl. DEDERICH, 2000, 263) oder ob die dargebotenen Möglichkeiten nicht gerade dazu drängen, sie auch in Anspruch zu nehmen.

Die pränatale Diagnostik hängt zudem eng mit der Problematik eines Schwangerschaftsabbruches zusammen. Wie bereits erwähnt geht es bei den Untersuchungen strikt darum, Krankheiten und Schädigungen aufzudecken. Die Mutter bzw. die Eltern müssen sich dann der Frage stellen, welche Folgen das Ergebnis haben wird bzw. hat.

Da es bislang kaum intrauterine Therapiemöglichkeiten gibt, steht im Falle einer Schädigung die Entscheidung an: Abbruch ja oder nein?

2. Der § 218 und seine Verbindungen zur pränatalen Diagnostik

Seit 1995 gibt es eine Neufassung dieses Abtreibungsparagraphen. Während er in der alten Fassung aus den drei Indikationen: medizinisch, kriminologisch und eugenisch/ kindlich/ embryopathisch bestand, ist in der neuen Fassung nicht mehr die Rede von einer eugenischen Indikation. Durch diesen war es möglich, einen Schwangerschaftsabbruch aufgrund einer nicht behebbaren Schädigung des Kindes vorzunehmen. Um eben diesen selektiven Schwangerschaftsabbruch zu verhindern, bei dem die Schädigung des Kindes der alleinige Grund für den Abbruch darstellte, wurde die medizinische Indikation neu formuliert. Es kann „nur dann abgebrochen werden, wenn ihre [Anmerk. die Schwangerschaft] Fortsetzung die Ge-

sundheit oder das seelische Wohl der Frau in Gefahr bringen könnte." (DEDERICH, 2000, 266)
Im Mittelpunkt dieser Regelung steht also nicht mehr die Schädigung des Kindes an sich, sondern das Wohl der Mutter. Doch ist das Problem der ‚selektiven Abtreibung' damit gelöst?
Ist es nicht doch die Schädigung, die der Grund für die seelische Unzumutbarkeit der Mutter ist?

Laut DEDERICH liegt hier „eine potentielle Diskriminierung behinderten Lebens vor, weil das Austragen eines behinderten Kindes als Übersteigen einer **‚unzumutbaren Opfergrenze'** angesehen wird." (DEDERICH, 2000, 267)

Mittlerweile ist die pränatale Diagnostik ein fester Bestandteil in der medizinischen Vorsorge von Schwangerschaften, d.h. die meisten Frauen werden unwillkürlich damit konfrontiert und geraten in die Situation, sich über mögliche Schädigungsformen Gedanken machen zu müssen. Die Fragen, die sich viele Frauen dann stellen, könnten lauten: ‚Möchte ich ein Kind mit einer Schädigung zur Welt bringen und aufziehen?' oder ‚Könnte ich solches Leid ertragen?'
In den meisten Fällen fällt die Antwort darauf zunehmend negativ aus. Die Gründe bzw. Einflussfaktoren für diese Entscheidung sollen an anderer Stelle dieser Arbeit erläutert werden, da sie überwiegend im gesellschaftlichen Bereich zu finden sind.
Die Entscheidung, ob man ein Kind aufgrund einer pränatal diagnostizierten Behinderung abtreibt, ist wesentlich davon abhängig, wie sich das gesellschaftliche Bild von Menschen mit Behinderung entwickelt und ob Abtreibung als moralisch vertretbar anerkannt ist. Beide Faktoren werden in Kapitel 4 im Zentrum stehen und mit Hilfe der Darstellung verschiedener gesellschaftlicher Phänomene näher beschrieben.
Hinzu kommt, dass die medizinische Indikation ohne zeitliche Begrenzung in Kraft treten darf, d.h. bis zum Ende der Schwangerschaft ist ein Abbruch legitim, wenn er unter die Bestimmungen der medizinischen Indikation

fällt. Das in der Einleitung beschriebene Beispiel des Oldenburger Babys führt vor Augen, in welches Dilemma diese Regelung sowohl die Eltern als auch die Ärzte bringen kann. Von einer Sekunde zur nächsten ändert sich das Vorhaben der Abtreibung in die Pflicht des Arztes, das Leben zu erhalten. Das Ziel, nämlich das Kind zu töten, ist somit nicht gelungen, was nach Schätzung eines Arztes aus Hannover bei ca. 30% der Abtreibungen nach der 20 Schwangerschaftswoche vorkommt. (vgl. DEDERICH, 2000, 267) Dies ruft noch ein weiteres Problem hervor: viele betroffene Eltern machen den Gebrauch der Anklage. Sie werfen den behandelnden Ärzten vor, nicht ausreichend über die Risiken informiert und aufgeklärt worden zu sein. Das mögliche Überleben des Kindes sei ihnen als Risiko nicht bekannt gewesen.

> „Seit den achtziger Jahren ist in verschiedenen Fällen Frauen bzw. Familien Schadensersatz wegen der Geburt eines unerwünschten Kindes zugesprochen worden. [...] Die betreffenden Ärzte wurden jeweils dazu verurteilt, die Unterhaltskosten für das Kind ganz oder teilweise zu übernehmen." (DEDERICH, 2000, 270)

Was sich hier entwickelt hat, ist meiner Ansicht nach, der Beginn des ‚Babys auf Bestellung'. Die Eltern kommen mit genauen Wünschen und Vorstellungen zum Gynäkologen und erwarten, dass dieser ihnen die Wünsche auch erfüllen kann. Ist dies nicht der Fall, so liegt die Schuld beim Arzt. Wieder stellt sich die Frage, ob das Zeugen und Gebären eines Kindes noch ein natürlicher Prozess ist, der nun mal auch der ‚Laune der Natur' unterworfen ist. Oder ob man darin nicht einen kontrollierbaren und wieder rückgängig zu machenden Prozess sieht, den man nach seinen Wünschen und Vorstellungen formen kann.

> „Damit tritt auch die zentrale Funktion der pränatalen Diagnostik plastisch hervor: sie soll nicht eine Therapie ermöglichen wie andere medizinische Diagnoseverfahren, denn das kann sie in den seltensten Fällen, sondern wird angewandt, um die **Geburt unerwünschter Kinder zu vermeiden.**" (DEDERICH, 2000, 268)

Was aber, wenn nicht eine pränatal diagnostizierbare bzw. diagnostizierte Behinderung vorliegt, sondern – wie in den meisten Fällen – eine durch die Geburt oder durch die Unreife des Kindes entstandene Schädigung oder Beeinträchtigung? Die Geburt ‚unerwünschter' Kinder zu vermeiden ist nur möglich, wenn dies bereits im Voraus aufgedeckt wurde. Im Falle von frühgeborenen Kindern jedoch ist dies erst möglich, wenn sie bereits auf der Welt sind und nach der Geburt festgestellt wird, dass sie in vielen Bereichen nicht oder nur durch medizinische Hilfe lebensfähig sind.

3. Die Problematik von Frühgeborenen

Die Frage, ob ein Kind ‚zu behindert für diese Welt ist', stellt sich somit nicht nur in der pränatalen Phase, sondern in der besonderen Situation der Frühgeborenen auch noch nach der Geburt. An dieser Stelle möchte ich darauf hinweisen, dass ich in dieser Arbeit alle Frühgeborenen in einer Gruppe zusammenfasse, ohne die Unterscheidung zu machen, ob Schädigungen oder Komplikationen bereits bei der Geburt vorlagen oder sich erst danach entwickelt haben. Grund dafür ist die Gemeinsamkeit dieser beiden Gruppen: die zu behandelnden Ärzte müssen immer entscheiden, welche Maßnahmen sie ergreifen, ob dies nun einer Maximalbehandlung gleicht oder aber einem ‚Liegenlassen' näher kommt. In meiner Arbeit steht die Art der Behandlung und vor allem die ethische Diskussion darum im Vordergrund. Da man die medizinisch-praktische Seite von der ethischen Diskussion nicht gänzlich trennen kann, wird es in Bezug auf das noch folgende Kapitel zum ethischen Aspekt teilweise zu Überschneidungen bzw. Wiederholungen kommen. Jedoch ist anzumerken, dass dies mit dem jeweiligen Schwerpunkt auf die medizinische Realität oder aber auf die Vielfalt der ethischen Positionen geschehen wird.

Im Laufe der letzten Jahre wurden im Bereich der Frühgeborenen-Intensivmedizin enorme Fortschritte erzielt. Mittlerweile ist es möglich, bereits vor der 25. Schwangerschaftswoche Kinder auf die Welt zu holen und sie durchzubringen.

Aufgrund ihrer körperlichen Unreife jedoch sind sie auf vielerlei Behandlungsmethoden angewiesen. Zu den häufigsten Komplikationen zählen die Lungenunreife, die Unterversorgung des Gehirns mit Sauerstoff und Hirnblutungen, die Unterbrechung sensibler Nervenbahnen, Ernährungs- und Stoffwechselprobleme sowie Probleme mit der Immunität. (vgl. DEDERICH, 2000, 283)

Um all diese möglichen Komplikationen behandeln zu können, wird das Frühgeborene im Inkubator mit unzähligen Schläuchen versehen und an mehrere lebenserhaltende Geräte angeschlossen. Wie bereits erwähnt stehen Ärzte in der Pflicht, Leben zu erhalten, **jedes Leben.**

Aber in der Praxis wird oft anders entschieden. Man kommt an die Grenzen der ärztlichen Behandlungspflicht und macht Gebrauch von der selektiven Nicht-Behandlung. Begründet wird dieses Vorgehen damit, dass zum einen „keine immer und unter allen Umständen bestehende Pflicht zu Maximalbehandlungen besteht". (DEDERICH, 2000, 281) Zum anderen wirft dies die Diskussion um die Entwicklungschancen und die Lebensqualität dieser Frühgeborenen auf. Ärzte argumentieren mit dem Leid und den Schmerzen, die nicht nur das Kind, sondern auch die Familie ertragen müssten.

Das Problem liegt nicht nur in der Frage, ob das Kind nun behandelt wird oder nicht. Vielmehr stellt sich die Frage, welche Kriterien für ein Unterlassen der Behandlungsmethoden eintreten. Diese Kriterien bestehen nicht nur aus den medizinischen Messwerten, sondern vor allem auch aus den Prognosen, die die Ärzte stellen. Diese Prognosen beruhen zum einen auf statistischen Werten bezüglich der Entwicklungschancen, d.h. also auch Prognosen bezüglich des Risikos, ob eine lebenslange Behinderung durch die Behandlung oder aber auch durch die Nicht-Behandlung entstehen könnte. Dederich formuliert dies hart mit den Worten: „medizinische Behandlungserfolge in diesem Bereich *erzeugen* bzw. *verschärfen* manchmal das Problem schwerer, lebenslanger Behinderungen." (DEDERICH, 2000, 286)

Doch Dederich räumt ebenso die Relativität von Prognosen ein. Die Entwicklung des Kindes ist von mehr Faktoren als nur der medizinischen Machbarkeit abhängig. Soziale, psychologische und pädagogische Faktoren sowie die Variable der individuellen Entwicklung haben ihren Einfluss darauf. (vgl. DEDERICH, 2000, 286)

Trotzdem muss sich die gesamte Spannweite der aufgeworfenen Fragen um die Lebensqualität und vor allem auch das Lebensrecht aller Menschen, auch der Frühgeborenen mit ungünstigen Prognosen, in der Medizin manifestieren. Doch sollten diese Fragen nicht nur intern diskutiert werden, sondern vor allem im Austausch mit anderen Disziplinen wie z.B. der Ethik oder Pädagogik.

Um besser verstehen zu können, woraus sich die Sichtweise vieler Mediziner entwickelt hat und vor allem worauf sie sich beruft, möchte ich in einem abschließenden Absatz dieses Kapitels auf die Bestimmungen bzw. Empfehlungen der Bundesärztekammer eingehen.

4. Die Bestimmungen der Bundesärztekammer

Bereits 1986 kamen Vertreter der Theologie, Kinderheilkunde, Kinderchirurgie, Gynäkologie und Jurisprudenz zusammen, um über das Thema „ Grenzen ärztlicher Behandlungspflicht bei schwerstgeschädigten Neugeborenen" zu diskutieren. Die Veröffentlichung der Ergebnisse dieses Workshops wurden unter der Bezeichnung ‚Einbecker Empfehlung' bekannt. Darin enthalten waren Bestimmungen, die die medizinischen Behandlungsmöglichkeiten bei Neugeborenen begrenzte, die nach ihrer potenziellen Lebensqualität definiert wurden. (vgl. MÜRNER/ SCHMITZ/ SIERCK, 2000, 140)

Diese Empfehlung entfachte große Kritik, was bewirkte, dass im Laufe der nächsten Jahre die Diskussion weitergeführt wurde. Zeitgleich sollte das

Buch *Should the Baby live?* von den Autoren Singer/ Kuhse in Deutschland veröffentlicht werden, was aber durch die Protestaktionen Hamburger Kinderärzte zunächst verhindert wurde. Weshalb Singer u.a. Vertreter des Präferenz-Utilitarismus derart heftige Reaktionen hervorgerufen haben, soll in Kapitel 3 Gegenstand des Interesses sein. Sowohl die Darstellung dieses ethischen Ansatzes wie auch die kritischen Positionen zu Singer werden dargestellt, um die Brisanz und vor allem die Aktualität dieser Diskussion deutlich zu machen. Die Bestimmungen der Bundesärztekammer in Verbindung mit den präferenzutilitaristischen Positionen sind Teil der aktuellen Diskussion um das Lebensrecht von schwerstgeschädigten Neugeborenen.

An dieser Stelle jedoch sollen zunächst die Richtlinien der BÄK dargestellt werden, um zu verdeutlichen, wie problematisch diese Bestimmungen in Bezug auf ihre Begrifflichkeit sind, obwohl durch mehrmalige Umformulierung versucht wurde, diesem Vorwurf Rechnung zu tragen. Im Folgenden werden ausgewählte Passagen zeigen, wie wichtig konkrete Angaben oder Bezeichnungen sind, um die Interpretation und Auslegung der Richtlinien in bestimmten Grenzen zu halten.

Nach sieben Jahren (1993) wurden die „Richtlinien der Bundesärztekammer für die ärztliche Sterbebegleitung" neu formuliert, wobei erstmals Neugeborene erwähnt wurden. Darin heißt es:

> „Bei Patienten mit irreversibel verlaufenden Erkrankungen oder Verletzungen mit infauster Prognose kann, insbesondere im terminalen Stadium, die Linderung des Leidens so im Vordergrund stehen, dass eine daraus **möglicherweise folgende Lebensverkürzung** hingenommen werden darf. Dasselbe gilt für Neugeborene mit schweren, mit dem Leben nicht zu vereinbarenden Missbildungen." (DEUTSCHES ÄRZTEBLATT zit. in MÜRNER/ SCHMITZ/ SIERCK, 2000, 142)

Während die Thematik von Neugeborenen nun auch in die Empfehlung aufgenommen ist und man dies zunächst wohl als positiv werten könnte, veröffentlicht die BÄK bereits fünf Jahre später (1998) eine umformulierte

Version unter dem Titel „Grundsätze der Bundesärztekammer zur ärztlichen Sterbebegleitung". Doch in dieser Empfehlung geht es nicht nur um sterbende Patienten, sondern es tauchen auch Passagen zu Früh- und Neugeborenen auf, in denen es heißt:

> „Bei Neugeborenen mit schwersten Fehlbildungen und schweren Stoffwechselstörungen, bei denen keine Aussicht auf Heilung oder Besserung besteht, kann nach hinreichender Diagnostik und im Einvernehmen mit den Eltern, eine **lebenserhaltende Behandlung, die ausgefallenen oder ungenügende Vitalfunktionen ersetzt, unterlassen oder nicht weitergeführt werden**. Gleiches gilt für extrem unreife Kinder, deren unausweichliches Sterben abzusehen ist, und für Neugeborene, die schwerste Zerstörungen des Gehirns erlitten haben. Eine weniger schwere Schädigung ist kein Grund zur Vorenthaltung oder zum Abbruch lebenserhaltender Maßnahmen, auch dann nicht, wenn Eltern dies fordern. Ein offensichtlicher Sterbevorgang soll nicht durch lebenserhaltende Therapie künstlich in die Länge gezogen werden. Alle diesbezüglichen Entscheidungen müssen individuell erarbeitet werden. Wie bei Erwachsenen gibt es keine Ausnahme von der Pflicht zur leidensmildernden Behandlung, auch nicht bei unreifen Frühgeborenen." (DEUTSCHES ÄRZTEBLATT zit. in MÜRNER/ SCHMITZ/ SIERCK, 2000, 142f)

Allein die Tatsache, dass die ursprünglichen ‚Einbecker Empfehlungen' immer wieder geändert und umformuliert wurden, zeigt, dass es auf diesem Gebiet in der Medizin viele Diskussionspunkte gibt und es eine scheinbar unlösbare Aufgabe darstellt, konkret formulierte Grundsätze zu finden, die allen gerecht werden. Woran liegt das?

Dies liegt meiner Einschätzung nach zum einen an der Vielfältigkeit der potentiellen Komplikationen, die jeden ‚Fall' d.h. jedes einzelne frühgeborene, geschädigte Kind zum Einzelfall machen. Die oft sehr unklar umrissenen Grenzen, in denen sich Ärzte bewegen, scheinen auf dieses Problem hinzuweisen. Beispielsweise ist die Formulierung „lebenserhaltende Behandlung" in der Fassung von 1995 eine mehr als unscharfe Bezeichnung dessen, was man darunter verstehen kann.

Laut MÜRNER/ SCHMITZ/ SIERCK fallen unter diese „fast auf Beliebigkeit abzielende Formulierung" auch die „Magensonde (Vitalfunktion: aktive

Nahrungsaufnahme)" oder die „Dialyse, also Nierenersatzbehandlung". (MÜRNER/ SCHMITZ/ SIERCK, 2000, 143) Es liegt nun die Frage nahe, wie denn die praktische Umsetzung dieser Empfehlungen der BÄK aussieht oder ob es in deutschen Kliniken andere Richtlinien und/ oder Entscheidungshilfen gibt.

Aus einer Untersuchung von Mirjam und Ruben Zimmermann von 1996, an der 128 Kliniken teilnahmen, gehen folgende Ergebnisse hervor, die für meine Fragestellung sehr interessant sind: Um die Lesbarkeit der Ergebnisdarstellung zu erleichtern, verzichte ich auf die genauen Prozentangaben und beschränke mich auf die relevanten Fragestellungen.

Die bereits zitierten Passagen der BÄK lassen vermuten, dass die große Spannbreite an Interpretationsmöglichkeiten auch eine variationsreiche Behandlungspraxis nach sich zieht. Die befragten Ärzte gaben in Bezug auf die Entscheidungsfindung beispielsweise an, dass je nach Klinik das Geburtsgewicht, die Schwangerschaftswoche oder der Allgemeinzustand ein Kriterium für lebenserhaltende Maßnahmen seien. Jedoch variieren die Bezugsgrößen der ersten beiden Kriterien, d.h. je nach Klinik liegt das kritische Geburtsgewicht zwischen 400g und 600g. Die Spanne bezüglich der Schwangerschaftswoche erstreckt sich von der 22. bis zur 27. Woche, ab der behandelt wird.

Zwar geht aus den Aussagen der meisten Ärzte hervor, dass die Entscheidung überwiegend im Team getroffen wird, doch gibt es große Unterschiede in der Zusammensetzung dieses Gremiums und vor allem auch im Abstimmungsverfahren. So sind in variierender Zusammensetzung die Geburtshelfer, Neonatologen, Allgemeinpädiater, Neuropädiater, Kinderchirurgen und Neurochirurgen ebenso an der Entscheidungsfindung beteiligt wie zum kleinen Teil auch Kinderkrankenschwestern. Selten wird das Pflegepersonal hinzugezogen. Hinzu kommt, dass die Vielfalt der Abstimmungsverfahren vom gemeinschaftlichen Konsens, über ein demokratisches Verfahren bis hin zur Einzelentscheidung des Teamchefs reicht.

Ein sehr bezeichnender und in Bezug auf die ‚Einbecker Empfehlungen' wichtiger Punkt ist die Grundlage der Entscheidungsfindung. Nach Angaben der befragten Ärzte gibt es zwar bei mehr als der Hälfte klare Richtlinien, doch sind diese nur zum verschwindend kleinen Anteil in schriftlicher Form vorhanden.

In der Praxis zeigen sich diese Richtlinien entweder in einem unausgesprochenen Konsens, einer Ethikkommission, die über jeden Einzelfall entscheidet, oder in Form der Entscheidungsfindung im Team. Zwar ist dem überwiegenden Teil der Ärzte die Bestimmungen der BÄK bekannt, doch messen ihnen nur die Hälfte davon große Bedeutung bei. (ZIMMERMANN/ ZIMMERMANN/ V. LOEWENICH, 1997, 59ff.)

Daraus lässt sich schließen, dass diese Empfehlung keine bzw. nur ungenügende Grundlage und Rechtfertigungshilfe für den großen Teil der deutschen Ärzteschaft bietet. Worin dies begründet ist, lässt sich nur vermuten. Entweder können die meisten Ärzte nicht vollständig mit der Empfehlung übereinkommen oder sie scheuen sich davor, eine schriftliche Grundlage ihrer Behandlungspraxis anzuerkennen, um sich vor Anfechtungen und Verurteilungen zu schützen.

Die bisherigen Untersuchungsergebnisse bezogen sich ausschließlich auf die allgemeine Behandlungspraxis an deutschen Kliniken. Um aber die Problematik der Menschen mit Behinderung näher zu beleuchten, muss die Frage geklärt werden, wie Ärzte im konkreten Fall einer vorliegenden Schädigung oder Erkrankung vorgehen.

Auch hier ergab die Untersuchung ein auffallend uneinheitliches Bild. So wird beispielsweise nur in 2/3 der Fälle von Spina bifida (Myelomeningocele) **immer** behandelt. Dies bedeutet also, das in einem Drittel der Fälle die Neugeborenen nicht bzw. nicht in vollem Umfang behandelt werden. Ein weiteres Beispiel für diese ‚Uneinheit' zeigt sich im Falle des Hydrozephalus, der nur bei der Hälfte der Fälle ausnahmslos behandelt wird. Obwohl die Shunt-Operation mittlerweile zu einem Routineeingriff geworden ist, wird bei einem Teil der Hydrozephalus-Patienten über deren Behandlung diskutiert.

Ich möchte an dieser Stelle betonen, dass ich nicht nur den Zahlen und statistischen Werten vertraue, ohne diese kritisch zu hinterfragen. Die Tatsache, dass geschädigte Neugeborene in der einen Klinik behandelt werden und in einer anderen nicht, hängt vermutlich nicht mit der ausnahmslos prinzipiellen Vorgehensweise der jeweiligen Klinik zusammen, sondern vielmehr mit der individuellen Situation des Kindes, dem Schweregrad und den zusätzlichen Komplikationen, die das vorliegende Schädigungsbild erschweren und somit die Vergleichbarkeit aller Fälle von Hydrozephalus oder Spina bifida verfälschen.

Unumstritten ist wohl, dass es im medizinischen Bereich bestimmte Entscheidungsspielräume geben muss, um die Freiheit zu gewähren, einzelfallbezogen entscheiden zu können. Doch das Auffallende an den Untersuchungsergebnissen sind meiner Meinung nach nicht die geringen Unterschiede in der Vorgehensweise, sondern vielmehr die kategorischen Angaben der Ärzte.

Dies bedeutet nämlich, dass die gleiche Schädigungsform im überwiegenden Maße in der einen Klinik behandelt wird und in einer anderen nicht, auch wenn man die schon angesprochenen, individuellen Bedingungen mit einbezieht. Selbst wenn es nicht um die Entscheidung ‚Behandlung oder Nicht-Behandlung?' geht, so ist doch die Spannbreite von der Maximaltherapie bis zur selektiven Behandlung eklatant. Schon in der umformulierten Version der ‚Einbecker Empfehlungen' von 1998 war diese Behandlungsreichweite mit den Worten umschrieben: „lebenserhaltende Behandlung, die ausgefallene oder ungenügende Vitalfunktionen ersetzt". (MÜRNER/ SCHMITZ/ SIERCK, 2000, 142)

Es wurde bereits dargestellt, welche Behandlungen bereits unter diese Formulierung fallen, was zur Folge haben kann, dass schon die Ernährung über eine Magensonde ausgesetzt wird.

Ein weiteres Kriterium, das zur uneinheitlichen Behandlungspraxis der Ärzte führt, stellt die in den Empfehlungen verwendete Bezeichnung „infauste Prognose" dar:

> „Auch bei ‚infauster Prognose' ist die noch zu erwartende Lebensspanne meistens nicht streng definierbar, so dass eine Diskussion darüber aufkommen mag, wie lange denn ein Leben unter welchen Bedingungen erhaltenswert oder zu-

mutbar sei. Auch die ‚Schwere einer Schädigung oder Behinderung' ist nur sehr ungefähr klassifizierbar." (ZIMMERMANN/ ZIMMERMANN/ V. LOEWENICH, 1997, 72)

Ich schließe daraus, dass auch dies dazu beiträgt, dass in den verschiedene Kliniken unterschiedlich oft und in unterschiedlicher Intensität behandelt wird.
Es stellt sich nun die Frage, auf welcher Grundlage sich die verwendeten Kriterien entwickelt haben.
Ist es denn – pauschal formuliert – von der jeweiligen Sichtweise eines Arztes oder auch eines Teams abhängig, ob ein Kind behandelt wird oder nicht? Sicher ist die Subjektivität der Entscheidungen nicht von der Hand zu weisen, auch wenn medizinische Faktoren als ausschließliche Auswahlkriterien angegeben werden. Doch darf dies nicht den überwiegenden Teil ausmachen.

„Jedes Festhalten an objektiv konstatierbaren Einzelkriterien ist punktuell, blendet andere Gesichtspunkte aus und ist damit einer ganzheitlichen Sicht unterlegen. Aber letztere ist dafür notwendigerweise unklarer, nicht reproduzierbar und mit einem hohen Maß an Subjektivität des Beurteilenden belastet.
Wir haben es hier mit Unschärfen zu tun, die der Biologie, der Medizin, dem menschlichen Leben nun einmal eigen sind. Wir haben mit diesen Unschärfen zu leben.
Sie müssen wahrgenommen werden, ihre Kenntnis soll zur Vorsicht mahnen, sie dürfen deshalb nicht zur Verweigerung von Entscheidungen und deren Begründungen führen." (ZIMMERMANN/ ZIMMERMANN/ V. LOEWENICH, 1997, 72f.)

Die Autoren verweisen an dieser Stelle auf die notwendige Auseinandersetzung der Medizin mit der Ethik. Auch von Seiten der befragten Ärzte wurde der Mangel an Ausbildung in ethischen Fragen und Theoriekonzepten als Defizit empfunden.
Meiner Meinung nach wird hier der Wunsch nach Interdisziplinarität laut, um ein Thema bzw. einen Diskussionspunkt, dem man eindimensional nicht gerecht werden kann, in seiner Ganzheitlichkeit zu erfassen. Um die

Ärzte, die nun einmal die erste und unmittelbarste Entscheidungsinstanz darstellen, mit ihrer großen Verantwortung und mit ihrem Schuldbewusstsein nach Entscheidungsverfahren, das von einem Großteil der befragten Ärzte geäußert wurde, nicht allein zu lassen, sollte die Auseinandersetzung mit weiteren Disziplinen wie der Ethik zu einer einheitlicheren Praxis führen.

II. Exkurs: Die Bioethik-Konvention

> „Die Bedingungen für das Entstehen der Bioethik wurden durch die zunehmenden Möglichkeiten der modernen Medizin und Biologie geschaffen, die mehr und mehr mit traditionellen ethischen Werten in Konflikt gerieten. Die Bioethik ist die Ethik der neuen Technologien im Bereich der Biomedizin, zu denen unter anderem Gentechnik, Humangenetik, Fortpflanzungs- und Transplantationsmedizin gehören. Sie ist eine Ethik zur **Durchsetzung biomedizinischer Forschungsinteressen.**" (KREBS, 1998, 7)

In dieser kurzen Darstellung stecken die grundlegenden Ansatzpunkte der kritischen Sichtweise der Bioethik. Die fortschreitende Entwicklung der Medizin und Biologie, die hier als Grundlage für die Bioethik bezeichnet wurde, übt gleichzeitig Druck auf die noch immer bestehende Diskussion aus. Was einerseits als Fortschritt definiert wird, ist zugleich eine potentielle Grenzüberschreitung, die eine Auseinandersetzung mit der Ethik notwendig macht.

In dem nun folgenden Exkurs soll die Darstellung der Bioethik-Konvention und deren Kritikpunkte dazu beitragen, die vorliegende Thematik auch aus der bioethischen Sichtweise zu beleuchten. In dem „Übereinkommen zum Schutz der Menschenrechte und der Menschenwürde im Hinblick auf die Anwendung von Biologie und Medizin", wie die Bioethik-Konvention des Europarates eigentlich heißt, sind Artikel festgehalten, die vieles im Unklaren lassen.

Bevor ich auf die detaillierte Darstellung der einzelnen Artikel und deren Mängel eingehe, möchte ich einige allgemeine Informationen zur Konvention festhalten. In der Präambel werden u. a. die Konvention zum Schutze der Menschenrechte und Grundfreiheiten von 1950 und das Übereinkommen über die Rechte des Kindes von 1989 angeführt, in deren Gedenken die vorliegende Konvention unterzeichnet wurde. Ohne näher auf die beiden zurückliegenden Konventionen einzugehen, ist doch anzumerken, dass sich die Bioethik-Konvention auf bereits bestehende Abkommen beruft.

Weiter ist zu lesen, dass sich die unterzeichnenden Staaten „überzeugt von der Notwendigkeit der Achtung des Menschen sowohl als Individuum als auch als Mitglied der menschlichen Gattung und in Anerkennung der Bedeutung der Wahrung der Menschenwürde" zeigen.

Außerdem werden Formulierungen angeführt, die das Bewusstsein, „daß der Mißbrauch von Biologie und Medizin zu Handlungen führen kann, die die Menschenwürde gefährden" betreffen.(BUNDESMINISTERIUM DER JUSTIZ, 1996, 1)

Aus all diesen einleitenden Worten könnte man schließen, dass sich diese Konvention eindeutig auf die Wahrung der Menschenwürde bezieht und diese zu garantieren versucht.

Auch die vermeintliche Einheit der Mitgliedsstaaten entpuppt sich erst im weiteren Verlauf als unzulänglich. Um deutlich zu machen, dass diese Konvention zur Verschlechterung des Bildes von Behinderung und vor allem zur Selektion ‚defekten' Lebens führen könnte, möchte ich einige Punkte herausgreifen und daran die Brisanz vor Augen führen.

Einer der grundlegendsten Kritikpunkte bezieht sich auf die Begrifflichkeit und deren nicht vorhandene Definition. Wie im Kapitel zur ethischen Sichtweise ausführlich dargestellt werden wird, sind die Bezeichnungen Mensch, Individuum und Person unbedingt näher zu erläutern, wenn man ethisch Stellung beziehen will und Missdeutungen, die gegen die eigentliche Position der Konvention gerichtet ist, vermeiden will. Die Konvention jedoch geht dieser Stellungnahme aus dem Weg und garantiert somit keine einheitliche Definition dieser Begriffe, was unbedingt notwendig wäre. Sie verweist in einem Entwurf darauf, dass

> „ein Konsens über die Definition dieser Begriffe unter den Mitgliedsstaaten des Europarates nicht zu erreichen war, und [deshalb] beschlossen wurde, dem jeweils nationalen Recht die Definition dieser Begriffe zum Zweck der Anwendung dieser Konvention zu überlassen." (KREBS, 1998, 34)

Durch diese Uneinigkeit und das Verschieben der Problematik auf nationale Ebene ist der Auslegung der Konvention in der ethischen Sichtweise von Peter Singer alle Türen geöffnet. Die fehlende Definition des Begriffes lässt somit eine Unterteilung in Mensch und Person zu. Was dies im Genauen zu bedeuten hat und welche Konsequenzen dies mit sich zieht, soll im folgenden Kapitel Gegenstand sein.

In der gesamten Konvention wird eine Unterteilung zwischen ‚einwilligungsfähigen' und ‚einwilligungs**un**fähigen' Personen vorgenommen. Dieses „Zweiklassensystem", wie es Emmrich nennt, bietet die Grundlage für die unterschiedliche Behandlung von Menschen, die selbst Entscheidungen treffen können und sich somit zur Wehr setzen können und denen, die nicht in dieser besonderen Situation sind. (EMMRICH, 1997, 2)

Unter ‚einwilligungs**un**fähigen' Personen versteht man nach Artikel 6 sowohl Minderjährige im Allgemeinen als auch „Erwachsene mit einer geistigen Behinderung oder einer Krankheit" bzw. „Erwachsene, die aus ähnlichen Gründen nicht fähig sind, in einen Eingriff einzuwilligen" (BUNDESMINISTERIUM DER JUSTIZ, 1996, 3)

All diese Personengruppen müssen im Falle einer Einwilligung in einen Eingriff durch einen gesetzlichen Vertreter, eine gesetzlich vorgesehene Behörde oder Person oder durch ein gesetzlich vorgesehenes Gremium vertreten werden, wobei die Einwilligung nur „im besten Interesse des Betroffenen jederzeit widerrufen werden" kann. Bei einwilligungsfähigen Personen wird diese Möglichkeit wesentlich freizügiger formuliert. Hier ist dieser Widerruf „jederzeit nach Belieben" möglich. (RÖSLER, 1997, 117)

Im Klartext bedeutet dies, dass die Zweiteilung der Menschheit Auswirkungen auf den Umgang mit ihnen hat. Es ist wohl Ansicht der Konvention eine zusätzliche Hürde für Menschen, die nach ihrer Ansicht nicht einwilligungsfähig sind, einzubauen. Die Formulierung „im **besten** Interesse" stellt deutlich eine Verschärfung im Gegensatz zu „nach Belieben" dar. Menschen, die sich also nicht wehren können, müssen zudem glaubhaft machen, dass dieser Eingriff nicht in ihrem „besten Interesse" liegt. Warum? Weshalb können sie nicht auch „nach Belieben" entscheiden?

Dieser Artikel und alle weiteren, die sich auf ihn berufen, stellen wohl die größte Angriffsfläche der Konvention dar. Am deutlichsten wird die Kritik an dem ethisch umstrittenen Artikel 17, in dem es um den „Schutz von einwilligungsunfähigen Personen bei Forschungsvorhaben" geht. Zunächst werden in Artikel 16 fünf Voraussetzungen genannt, die erfüllt sein müssen, damit Artikel 17 in Kraft treten kann:

> „Eine Alternative zur Forschung am Menschen von vergleichbarer Wirksamkeit gibt es nicht,
> Die Risiken, die für die Person entstehen können, stehen in keinem Missverhältnis zum potentiellen Nutzen der Forschung,
> Das Forschungsprojekt ist von dem zuständigen Gremium gebilligt worden, nachdem es einer unabhängigen Prüfung hinsichtlich seines **wissenschaftlichen Wertes** einschließlich einer Beurteilung der **Bedeutung des Forschungsziels** und einer multidisziplinären Überprüfung der ethischen Vertretbarkeit unterzogen worden ist,
> Die Personen, an denen Forschung vorgenommen wird, sind über ihre Rechte und die zu ihrem Schutz gesetzlich vorgeschriebenen Sicherheitsmaßnahmen unterrichtet worden. (...) (BUNDESMINISTERIUM DER JUSTIZ, 1996, 3)

Im Vordergrund steht also der wissenschaftliche Wert und die Bedeutung des Forschungsziels, die auf ihre nicht weiter erläuterte ethische Vertretbarkeit hin überprüft werden müssen. Obwohl die Konvention im Artikel 2 noch den Vorrang des Menschen bezüglich seiner Interessen und seines Wohlergehens vor dem alleinigen Interesse von Gesellschaft oder Wissenschaft garantieren soll, fällt es einem hinsichtlich der Abschnitte zu einwilligungsunfähigen Personen schwer, daran zu glauben. Denn wer in Vertretung dieser Gruppe die Einwilligung zu Einriffen gibt, ist Teil der Gesellschaft und möglicherweise auch Teil der Wissenschaft.
Was zusätzlich am Artikel 17 für Aufruhr sorgte, waren die geforderten Voraussetzungen, dass die „Forschung von vergleichbarer Wirksamkeit [...] an einwilligungsfähigen Personen nicht vorgenommen werden [kann]" und zudem „der Betroffene [**nicht**] widerspricht [...]". (BUNDESMINISTERIUM DER JUSTIZ, 1996, 3) Wieder fehlt es an konkreten Angaben darüber, wie

solche Passagen zu verstehen sind. Es liegt wie so oft an der Auslegung des einzelnen, wie die Umsetzung der Konvention zu gestalten ist. Überspitzt formuliert, kann ein Arzt selbst entscheiden, in welcher Form der Betroffene seinen Widerspruch ausdrücken muss, bevor er erhört wird.

Ein weiterer ebenso umstrittener Punkt dieses Artikels stellt die letzte Passage dar, in der davon die Rede ist, dass „die Forschung [...] für den Betroffenen nur mit einem **minimalen Risiko und einer minimalen Belastung** einher [geht]." (BUNDESMINISTERIUM DER JUSTIZ, 1996, 3) Doch welche konkreten Eingriffe sind darunter zu verstehen? Die Konvention gibt darüber keine Auskunft und überlässt die Präzisierung den Instanzen auf nationaler Ebene bzw. auf institutioneller Ebene. In Deutschland veröffentlichte die Zentrale Ethikkommission (ZEKO) eine Stellungnahme zu diesem Artikel der Konvention, in der sie zu dem folgenden Schluss kommt:

> „Unterläßt man klinische Forschungsuntersuchungen mit diesen (einwilligungsunfähigen, d. V.) Personen allerdings ausnahmslos, dann verzichtet man bewusst auf Fortschritte in der Erkennung und Behandlung ihrer Krankheit. Eine solche Unterlassung ist moralisch nicht vertretbar." (DEUTSCHES ÄRZTEBLATT zit. in KREBS, 1998, 32)

Aber ist es moralisch vertretbar, dass zugunsten des medizinischen Fortschrittes Eingriffe wie z.B. Hirnfunktionsprüfungen, Nervenwasseruntersuchungen durch Rückenmarkspunktionen oder Hirncomputertomographien an Menschen vorgenommen werden, die das Ausmaß dieses Eingriffes an sich aber auch ihrer Risiken nicht oder nur unzureichend einschätzen können und deshalb von einem gesetzlichen Vertreter mehr oder weniger dazu gezwungen werden dürfen?

Sicher sollte es in der Diskussion um diesen Punkt nicht um ‚Schwarz-Weiß-Malerei' gehen. Die in der Literatur oft zitierten Sichtweisen einzelner Ärzte und Wissenschaftler, die allzu leichtfertig Aussagen über die möglichen Auswirkungen der Bioethik-Konvention treffen, erscheinen häufig als Horrorszenarien. Doch die Suche nach Objektivität befindet sich zwischen den Extremen. Während die Konvention die Sicherung der Menschenwürde zu garantieren versucht, und durch fehlende Konkretisierung viele Formulierungen zunächst harmlos erscheinen, zeichnen Mediziner und Wissenschaftler ein pessimistisches Bild bezüglich der Umsetzung umstrittener Passagen. Was bleibt, ist die Hoffnung auf eine breitere, öffentliche Diskussion als bisher. Was es bedeutet, wenn die Auslegung der Bioethik-Konvention lediglich auf nationaler Ebene geschieht, ist vielen nicht oder nur unzureichend bekannt.

Die bisherige Darstellung und Kritik an der Bioethik-Konvention bezog sich größtenteils auf die Problematik der Einwilligung in medizinische Eingriffe. Ich habe diesen Punkt mit in meine Arbeit aufgenommen, weil er dazu beiträgt, das Bild von Menschen mit Behinderung negativ zu beeinflussen. Indem in einer Konvention des Europarates eine Zweiteilung der Gesellschaft bezüglich ihrer Einwilligungsfähigkeit konstatiert wird, kommt automatisch eine Diskussion über den Wert eines Menschen mit ins Spiel. Diese Wertigkeit wiederum ist Teil des Bildes, das wir als Gesellschaft von Menschen mit Behinderung haben.

Doch in der Darstellung der Bioethik-Konvention in Bezug auf unsere Fragestellung ist ein weiterer Themenkomplex von Belang. Bereits im vorangegangenen Kapitel wurde ausführlich die Pränataldiagnostik mit all ihren Risiken und Problemkreisen dargestellt. Dies wird nun erweitert durch Artikel der Konvention, die sich auf „prädiktive, genetische Tests" bzw. auf die „Forschung an Embryonen in vitro" beziehen.
Zunächst möchte ich auf Artikel 11 eingehen, in dem es heißt: „Jede Form von **Diskriminierung** einer Person aufgrund ihres genetischen Erbes ist verboten." (BUNDESMINISTERIUM DER JUSTIZ, 1996, 4) Würde dies für sich stehen und wäre innerhalb der Konvention ein ‚allgemeingültiges Gesetz', so wäre eine Diskriminierung von Menschen mit Behinderung unzulässig, wenn sie auf eine genetische Besonderheit zurückzuführen wäre.

Dies ließe sich auch mit dem Grundgesetz in Deutschland vereinbaren, das besagt, dass „niemand [...] wegen seiner Behinderung benachteiligt werden [darf]". (DIPPELHOFER, 1995, 2) Doch in der Konvention findet sich bereits drei Artikel später, nämlich in Artikel 14, eine Einschränkung dieses Diskriminierungsverbots:

> „Die Anwendung von Techniken der Fortpflanzungsmedizin ist für die Auswahl des Geschlechts eines Kindes unzulässig, es sei denn zur **Vermeidung schwerwiegender erblicher geschlechtsgebundener Krankheiten**."
> (BUNDESMINISTERIUM DER JUSTIZ, 1996, 4)

Dieser Artikel steht eindeutig im Widerspruch zu dem zuvor zitierten Art. 11. Die Geschlechtselektion wird also in Verbindung mit einer „schwerwiegenden Krankheit" zugelassen. Welche Krankheiten fallen unter die Bezeichnung „schwerwiegend"?
Sind Krankheiten wie z.B. Hämophilie (= Bluterkrankheit), das Turner-Syndrom, das nur bei Frauen auftaucht, oder das Klinefelter-Syndrom, das es wiederum nur bei Männern gibt, als „schwerwiegend" zu bezeichnen? Wenn ja, mit welcher Begründung? Wer entscheidet, ob eine Krankheit schwerwiegend ist oder nicht? Und steht es uns zudem zu, ein solches Leben zu ‚verhindern'?
Auch das in Deutschland seit 1990 gültige Embryonenschutzgesetz sieht ein Verbot der Geschlechtswahl vor, das jedoch im Falle einer schwerwiegenden Erkrankung außer Kraft gesetzt wird. Im Gegensatz zur Konvention jedoch wird der Begriff „schwerwiegend" konkretisiert mit dem Beispiel der Muskeldystrophie vom Typ Duchenne oder anderen Erkrankungen, die „von der nach Landesrecht zuständigen Stelle als entsprechend schwerwiegend anerkannt worden sind." (BUNDESMINISTERIUM FÜR GESUNDHEIT, 1990, 2)
Jedoch wird auch hier deutlich, dass es im Ermessen einzelner zuständiger Vertreter liegt, was als ‚schwerwiegend' einzustufen ist.

Ein weiterer Artikel ist zu nennen, der die Selektion ‚defekter' Embryonen zulässt. In Artikel 18, in dem es um die „Forschung an Embryonen in vitro" geht, ist zu lesen: „Soweit das Recht Forschung an Embryonen in vitro zulässt, gewährleistet es einen **angemessenen Schutz des Embryos**." (BUNDESMINISTERIUM DER JUSTIZ, 1996, 5f)
Somit steht der Präimplantationsdiagnostik nichts mehr im Wege und die Zukunft wird sein, dass nicht nur ‚genetisch auffällige' Embryonen ausgesondert werden, sondern weitere Qualitätskriterien herangezogen werden könnten. Das bereits erwähnte ‚Baby auf Bestellung' wäre dann im Bereich des Möglichen. (vgl. WUNDER/ NEUER-MIEBACH, 1998, 79)
Worin genau zeigt sich also der „angemessene Schutz des Embryos"?
Es ist stark zu bezweifeln, dass dieser zwar fixierte, aber nicht konkretisierte Schutz überhaupt existiert. Bei der In-vitro-Fertilisation werden mehr Embryonen erzeugt als nötig. Diese sollen dann der „verbrauchenden" Forschung zur Verfügung stehen. Allein die Bezeichnung „verbrauchend" macht deutlich, dass das menschliche Leben bereits als ‚Abfallprodukt' herhalten muss. Was nicht die ‚Chance der Menschwerdung' hat, kann dafür einen letzten Dienst zu Gunsten der Menschheit erbringen und wird für wissenschaftliche Experimente verwendet.
Da die Problematik des Embryonenschutzes und die Forschung mit überzähligen Embryonen ein sehr umfassendes und in Bezug auf unsere Fragestellung nur am Rande erwähnenswertes Gebiet ist, möchte ich mich nun wieder der allgemeinen Diskussion bezüglich der Bioethik-Konvention widmen.
Trotzdem möchte ich betonen, dass alle hier aufgezeigten Problemkreise in unterschiedlichster Form und Intensität darauf einwirken, wie sich das Bild von Menschen mit Behinderung in der Gesellschaft entwickelt. Jede medizinische Errungenschaft, jeder wissenschaftliche Fortschritt ist in der heutigen Zeit automatisch mit einer Grenzüberschreitung verbunden. Die Frage ist nicht mehr: ‚Ist dies möglich?' Sondern es stellt sich vielmehr die Frage: ‚Ist das Mögliche auch vertretbar?'

Diese letzte Frage sollte eigentlich von der Bioethik-Konvention ebenfalls beantwortet werden. Denn wer das Mögliche erlaubt, muss gleichzeitig eine Grundlage schaffen, mit der sie das Ausführen des Machbaren begründet und legitimiert. Wird die Konvention diesem Anspruch gerecht?

> „Es ist nicht klar, auf welcher philosophisch-ethischen Tradition, auf welchen Wertentscheidungen die einzelnen Artikel basieren. An keiner Stelle der Konvention wird deutlich, welche Denktradition, welche weltanschauliche Verpflichtung ihr zugrunde liegt." (EMMRICH, 1997, 1)

Da diese Basis nicht deutlich definiert ist, bleibt es also den Unterzeichnerstaaten überlassen, welche Grundlagen zur Auslegung herangezogen werden. Die nationale Rechtslage trägt mit zu dieser Auslegungsvielfalt bei.
Deutschland hat aufgrund der bestehenden Gesetzeslage und vor allem aufgrund des Grundgesetzes bisher nicht unterschrieben und erkennt die Konvention somit nicht als gültiges Recht an. Doch ist es möglicherweise nur eine Frage der Zeit bis die Ratifikation ausgesprochen wird. Der Druck auf Deutschland wächst, denn mit dem Beitritt zur Konvention ist gleichzeitig die Tür zum medizinischen Fortschritt durch Forschung an Embryonen und einwilligungsunfähigen Menschen offen. Kann es sich Deutschland also leisten, hinter dem Fortschritt zurückzubleiben? Kann es diesem Druck, das Machbare auch umzusetzen und zu legalisieren, standhalten?
Die wohl berechtigten Zweifel an dieser Standhaftigkeit beinhalten zugleich das Wissen, dass die Unterzeichnung der Konvention stark politisch und gesellschaftlich geprägt ist. Sollten die Gegner der Bioethik keinen großen Einfluss auf die Gesellschaft und somit auch auf die politische Richtung der Bundesrepublik in Zukunft haben, steht der Unterzeichnung wohl nichts mehr im Wege. Die Hürde der deutschen Rechtssprechung und ihren momentanen Uneinigkeit mit der Konvention ist dann möglicherweise nur noch Formsache.
Doch solange Behindertenverbände wie die Lebenshilfe sich gegen folgende Punkte zur Wehr setzen, gibt es in Deutschland ein Forum für öffentli-

che Kritik an der Bioethik im Allgemeinen und der Konvention im Speziellen.
So wehrt sich die Lebenshilfe nachhaltig gegen:

> „ein Menschenbild, das biologische Faktoren gegenüber psychosozialen Aspekten menschlichen Wohlbefindens überbetont und den Menschen nach gesellschaftlicher Nützlichkeit und Leistungsfähigkeit bewertet,
> jegliche Aufweichung der allgemeinen individuellen Grundrechte, wie sie in der Verfassung der Bundesrepublik Deutschland und in darauf fußenden einzelgesetzlichen Regelungen festgelegt sind, zugunsten von Forschungsinteressen." (NEUER-MIEBACH zit. in: EMMRICH, 1997, 3)

Die Lebenshilfe stellt sich damit klar gegen die Ausdehnung medizinischer Eingriffe an einwilligungsunfähigen Menschen und ist für die „uneingeschränkte Einhaltung der Menschenrechte und der Menschenwürde von Menschen mit Behinderungen" (WUNDER/ NEUER-MIEBACH, 1998, 181)

Ein weiterer Kreis von engagierten Gegnern bzw. Kritikern der Bioethik-Konvention ist in den Autoren des „Nürnberger Kodex 1997" zu finden.
Nach Ursel Fuchs, die mit zu den Autorinnen und Autoren zählt, orientieren sie sich an „den humanen Idealen der individuellen Medizin." Sie schreibt weiter:

> „Gerade weil wir die Ambivalenz und die immanenten Gefährdungen medizinischen Fortschritts nicht verleugnen, bekennen wir uns zu einer menschenwürdigen Medizin." (WUNDER/ NEUER-MIEBACH, 1998, 168)

Der Nürnberger Kodex richtet sich mit seinen zehn Thesen in einigen Punkten gegen die Bioethik-Konvention und soll als Richtlinie für bundesdeutsche Ärzteschaft dienen. Dieses „Diskussions- und Positionspapier" soll jedoch nicht als unveränderliches und definitives Faktum verstanden werden. Es ist vielmehr ein Meilenstein, der weitere Diskussionen nach sich ziehen soll. (vgl. WUNDER/ NEUER-MIEBACH, 1998, 169)

In dem vorliegenden Exkurs zur Bioethik-Konvention habe ich zunächst dargestellt, welche Kritikpunkte von verschiedenen Seiten vorgebracht wurden und weshalb die Konvention so umstritten ist. Durch die vehemente Reaktion von Ärzten und Behindertenverbänden sollte deutlich gemacht werden, dass der noch nicht vollzogene Beitritt Deutschlands zur Konvention mit von diesen genannten Konventionskritikern unterstützt und gefordert wird.

Zum anderen war es mir ein Anliegen, die möglichen Auswirkungen einer solchen Manifestation medizinischer und wissenschaftlicher Richtlinien, die europaweite Gültigkeit haben sollen, auf das gesellschaftliche Bild von Menschen mit Behinderung haben könnten. Es wurde bereits erwähnt, dass gesellschaftliche Faktoren wesentlich zum Bild von Menschen mit Behinderung beitragen. In Kapitel 4 wird deshalb ausführlich dargelegt, von welch großer Bedeutung der medizinische Fortschritt in Verbindung mit der Bioethik ist. In einer pluralistischen Gesellschaft, in der einheitliche Richtlinien selten sind, könnte deshalb die Bioethik-Konvention auf um so fruchtbareren Boden fallen, da mit ihr nun ein einheitliches Meinungsbild vorgegeben ist, das dazu führen könnte, die darin enthaltenen Thesen und vor allem das zugrundeliegende Menschenbild populär zu machen. Obwohl eine pluralistische Gesellschaft geprägt ist von den unterschiedlichsten Positionen und Meinungen, so hat eine über nationale Grenzen hinausgehende Übereinkunft großen Einfluss auf herrschende Meinungsbilder und Ansichten.

Bevor jedoch der Pluralismus und weitere charakteristische Kennzeichen unserer Gesellschaft näher beleuchtet werden, soll zunächst der ethische Aspekt Klarheit darüber verschaffen, welche ethischen Positionen zur Problematik des Lebensrechts von Menschen mit Behinderung Stellung nehmen und welche Gegenpositionen es gibt, die für das Lebensrecht **aller** Menschen plädieren.

III. Der ethische Aspekt

Bereits in den vorangegangenen Kapiteln wurden ethische Fragen angeschnitten, die an dieser Stelle nun näher erläutert werden sollen. Das Spektrum der Ethik reicht weit über ihre eigentlichen Grenzen hinaus, damit ist gemeint, dass die Ethik in der heutigen Zeit auch Fragen diskutiert, die sich aus dem medizinischen und wissenschaftlichen Fortschritt ergeben haben.
Ethische Gremien, Kommissionen oder Beratungsstellen sind aus dem Klinikalltag nicht mehr wegzudenken. Sie beschäftigen sich mit der Frage nach dem Lebenswert bzw. dem Lebensrecht von Menschen mit ‚infauster Prognose'. Darunter zählen, wie bereits in den Richtlinien der Bundesärztekammer erwähnt, nicht nur Komapatienten oder Patienten im Endstadium einer nicht mehr heilbaren Krankheit, sondern auch Frühgeborene und Neugeborene mit schwerwiegenden Schädigungen.
Die Frage, ‚ob ein Kind zu behindert für diese Welt ist', muss nun in verschiedene Einzelaspekte innerhalb der ethischen Diskussion zerlegt werden. Dabei spielen vor allem der Aspekt der Würde des Menschen, der Aspekt des Lebenswertes und des Lebensrechts eine bedeutende Rolle.

Die Frage, ob ein Mensch mit Behinderung ein Recht auf Leben hat, wird seit einigen Jahren wieder verstärkt diskutiert. Nachdem sich Deutschland aufgrund der Geschichte der Nationalsozialisten aus dieser Debatte zunächst distanzieren wollte, kommt es nun nicht mehr daran vorbei. Dafür gibt es mehrere Gründe: zum einen wächst der durch medizinischen Fortschritt forcierte politische Druck, der sich beispielsweise in der Diskussion um den Beitritt zur Bioethik-Konvention zeigt. Zum anderen wurde die Auseinandersetzung mit diesen ethischen Aspekten durch Personen wie Peter Singer auch in Deutschland publik gemacht. Singers Bekanntheitsgrad wurde zunächst dadurch vergrößert, dass er zu diversen Vorträgen und Tagungen zu Themen wie ‚Sterbehilfe' oder ‚Haben schwerstbehinderte Neugeborene ein Recht auf Leben?' in den Jahren 1989 und später eingeladen wurde. Doch die Themen und vor allem sein in Deutschland 1984 veröffentlichtes Buch *Praktische Ethik* ließen viele Behindertenverbände und Studenten der Sonderpädagogik ‚auf die Barrikaden gehen'.

Singer schildert diese Form des Protests gegen seine Vorträge in einem Anhang der *Praktischen Ethik* mit dem Titel „Wie man in Deutschland mundtot gemacht wird". (SINGER, 1994, 425) Er berichtet darin, dass er entweder schon vor Beginn der Veranstaltung aufgrund der Proteste wieder ausgeladen oder im Falle eines Vortrags ausgepfiffen oder ausgebuht wurde. Die Medien in Deutschland wurden auf diese Protestbewegung gegen Singer und teilweise auch gegen Professoren, die ihn nach Deutschland eingeladen hatten wie z.B. Christoph Anstötz oder auch Norbert Hoerster, den man als Singers ‚Bauchredner' bezeichnet hat, aufmerksam. In der Zeit nach den geplanten oder auch stattgefundenen Vorträgen von Peter Singer wurden unzählige Artikel über ihn und über seine Thesen verfasst. Im Fernsehen wurden Diskussionen und Interviews gezeigt, in denen sowohl seine Fürsprecher wie auch seine Gegner zu Wort kommen sollten.

Die Öffentlichkeit war also ‚geweckt' :

> „Die Proteste ließen auch die sinkenden Verkaufszahlen der deutschen Ausgabe der *Praktischen Ethik* wieder ansteigen. Von diesem Buch wurden nach dem Juni 1989 innerhalb eines Jahres mehr Exemplare verkauft als in all den Jahren zuvor, in denen es in Deutschland erhältlich gewesen war." (SINGER, 1994, 439)

Um nun den Protest gegen Singer nachvollziehen zu können, muss man seine Ethik aber auch die Ethik auf die er sich stützt, nämlich den Utilitarismus, näher beleuchten.

1. Der Utilitarismus

Der Utilitarismus geht u.a. auf die Philosophen Bentham (1748- 1832) und Mill (1806- 1873) zurück, die von dem Prinzip ausgingen, dass „die Natur [...] die Menschheit unter die Herrschaft zweier souveräner Gebieter gestellt [habe]: Freude und Leid." (zit. in ANSTÖTZ, 1990, 28) Die historische Tradition utilitaristischer Denkansätze jedoch geht bis in die Zeit vor Christus zurück, in der beispielsweise die Epikureer von einer noch egoistisch geprägten Form des Utilitarismus ausgingen.

Anstötz beschreibt in seinem Buch *Ethik und Behinderung* den Utilitarismus als „eine rationale Ethik, für die Kritik, Logik und empirischer Bezug eine entscheidende Bedeutung haben." (ANSTÖTZ, 1990, 30)

Er schlussfolgert daraus eine „größere Nähe zu den Wissenschaften bzw. zu wissenschaftlichen Erkenntnissen als dies bei anderen ethischen Systemen der Fall ist." (ANSTÖTZ, 1990, 30)

Obwohl sich aus der ursprünglichen Form des Utilitarismus unterschiedliche Versionen entwickelt haben, gibt es vier Kriterien, die allen gemeinsam sind:

> 1. „Konsequenzen-Prinzip":
> Handlungen bzw. Handlungsregeln werden in moralischer Hinsicht nach ihren Konsequenzen bewertet, die sie für das allgemeine Wohlergehen haben. Bestimmte Normen oder Handlungsweisen können also nicht von sich heraus gut oder schlecht sein. Im Utilitarismus ist das Glück aller von einer Handlung Betroffenen von großer Bedeutung und ausschlaggebend für die moralische Bewertung.
> 2. „Utilitäts-Prinzip":
> Das Kriterium der moralischen Bewertung liegt im Nutzen (Utilität) für das Gute.
> 3. „Hedonistisches Prinzip":
> „Die Konkretisierung des höchsten Gutes bezieht sich auf die Erfüllung der Bedürfnisse und Interessen der Menschen, auf das menschliche Glück. Der ‚Gratifikationswert' einer Handlung bemißt sich nach dem Grad der Lust, welche sie

bewirkt, vermindert um das dabei entstehende Maß an Unlust." (ANSTÖTZ, 1990, 31) Bentham bezeichnete dies als „hedonistisches Kalkül".
4. „Universalistisches Prinzip":
Der Gratifikationswert wird dabei nicht bezogen auf den einzelnen berechnet, sondern für alle von der jeweiligen Handlung Betroffenen.
(vgl. ANSTÖTZ, 1990, 31)

Diese vier Kriterien spielen auch bei Peter Singer und der von ihm geprägten Version des Utilitarismus, nämlich dem **Präferenz-Utilitarismus**, eine bedeutende Rolle. So spiegelt sich beispielsweise das *hedonistische Prinzip* in seinen Äußerungen zum Lebenswert von frühgeborenen und schwerstgeschädigten Neugeborenen wider. Das menschliche Glück wird also zum Maßstab einer Entscheidung über Leben oder Tod eines Menschen. Im Folgenden soll Singers Ansatz ausführlicher erklärt werden, um die Argumentation um den Lebenswert eines Menschen nachvollziehbar zu machen. Gerade die Definition von Begriffen wie z.B. der Person spielen dabei eine große Rolle.

2. Der Präferenz-Utilitarismus

Auch Singer stellt das Empfinden von Freude und Leid in den Mittelpunkt und verknüpft diese Eigenschaft mit dem Vorhandensein von Interessen.
Zur Person Singers und zum Verständnis seines Ansatzes ist im Voraus anzumerken, dass er aus der Richtung des radikalen Tierschutzes kommt und nicht, wie man aufgrund seiner Thesen meinen könnte, aus der ihm oft vorgeworfenen Richtung der Eugenik wie sie von den Nationalsozialisten betrieben wurde. Sein Anliegen war es, „den Status von Tieren zu heben und nicht den der Menschen zu senken". (SINGER, 1994, 109) Was dieses Anliegen nun für Ausmaße annimmt, soll im Folgenden erläutert werden.
Singer geht von zwei Prinzipien aus, die für seine weiteren Thesen von grundlegender Bedeutung sind. Zunächst beschreibt er in der *Praktischen Ethik* das „Prinzip der gleichen Interessenabwägung". Obwohl nämlich

nicht, wie oft behauptet, alle Menschen gleich sind, so ist ihnen doch das Vorhandensein von Interessen gemeinsam, was nach Singer wiederum eine Voraussetzung für die Abwägung derselben ist. Während Singer jedoch zunächst davon ausgeht, dass die Interessenabwägung unabhängig von Rassen-, Geschlechts- oder Religionszugehörigkeit bzw. unabhängig von bestimmten Fähigkeiten zu treffen ist, so ist die Existenz von Interessen von dem Wesen an sich zu beweisen, d.h. durch das Vorhandensein bestimmter Fähigkeiten drückt es automatisch Interesse aus. Somit ist die Interessenabwägung im Endeffekt doch vom Vorhandensein bestimmter Fähigkeiten zumindest beeinflusst. Welche Fähigkeiten Singer im Speziellen damit meint, soll im Zusammenhang mit dem Personenbegriff genauer geklärt werden. „Gleiche Interessenabwägung ist ein Minimalprinzip der Gleichheit in dem Sinn, daß es nicht Gleichbehandlung diktiert." (SINGER, 1994, 42)

Singer führt daraufhin Beispiele an, die eine Gleichbehandlung nach dem Grundsatz „Alle Menschen sind gleich" nicht möglich macht bzw. vor Augen geführt wird, dass wir bei vielen Entscheidungen unseres Lebens nach dem Prinzip der Interessenabwägung und dem Nützlichkeitsprinzip, das im Folgenden noch näher zu beschreiben ist, vorgehen. Das ‚Fatale' an Singers Beispielen ist in den meisten Fällen, dass er Ausnahme- und Notsituationen schildert, bei denen fraglich ist, ob man sie als zu generalisierende Situation heranziehen kann, um allgemeingültige Prinzipien zu konstatieren.

Die zweite grundlegende Prämisse besteht im ‚Nützlichkeitsprinzip', das auch im klassischen Utilitarismus bereits beschrieben wurde. Mill sprach dabei vom *Summum bonum*, worunter man das größte Glück zu verstehen hat, was wiederum als Grundlage für Moral anzusehen ist. Ziel ist es also, die Summe des Glücks zu vermehren.

Singer unterteilt dieses Prinzip wiederum in zwei unterschiedliche Ansätze: die *Totalansicht* (total view) und die *Vorherige-Existenz-Ansicht* (prior existence view). Diese beiden Deutungen des Summum bonum unterscheiden sich in Bezug auf ihre Folgen. Bei der Totalansicht

„[handelt] es sich um die Vermehrung der Gesamtsumme von Lust (und um die Verminderung der Gesamtsumme von Schmerz) [...]." Dabei ist es gleichgültig, „ob dies durch die Vermehrung von Lust bei existierenden Wesen geschieht oder durch die Vermehrung der Zahl von Wesen, die existieren." (SINGER, 1994, 139)

Nach diesem Ansatz gilt also die Regel der Ersetzbarkeit, nach der „ein weniger glückliches Wesen durch ein glückliches Wesen ‚ersetzt' werden kann, um so die Gesamtsumme des Glücks im Universum zu erhöhen." (ANSTÖTZ, 1990, 107f) Die Vorherige-Existenz-Ansicht dagegen berücksichtigt, wie man aus der Bezeichnung bereits schließen kann, nur Wesen, die schon existieren. „Sie leugnet, daß es einen Wert habe, die Lust zu vermehren, indem man zusätzliche Wesen schafft." (SINGER, 1994, 140)
Nach diesem Ansatz würde die Ersetzbarkeitsregel also nicht greifen, was im Falle eines zu ersetzenden Menschen aufgrund einer Krankheit oder Behinderung nach Singer von den Eltern meist ‚intuitiv' entschieden wird. Die Vorherige-Existenz-Ansicht harmoniert also eher mit intuitiven Urteilen. (vgl. SINGER, 1994, 140)
Anstötz weist darauf hin, dass Singers unterschiedliche Deutungsweisen des Summum bonum geradezu ‚beliebig' wählbar sind, um ethische Probleme jeweils ‚plausibel' zu machen. (vgl. ANSTÖTZ, 1990, 108)

Wie bereits erwähnt, ist die Fähigkeit, Schmerz oder Glück zu empfinden, das zentrale Kriterium im Utilitarismus, auch bei Singer. Doch das Besondere an seinem Ansatz ist das Durchbrechen jeglicher bisher gültiger Gattungsgrenzen. Nach Singer ist die ‚Sonderstellung' des Menschen über alle anderen Lebewesen moralisch nicht begründbar. Sie entstand aus der christlichen Denktradition heraus und ist aus rationaler Sicht nicht haltbar. Diese Art von Speziesismus, wie Singer es nennt, ist gleichzustellen mit jeder Form von Rassismus oder Sexismus. Er wendet sich damit gegen jegliche Form der Diskriminierung aufgrund bestimmter Merkmale wie Hautfarbe, Religion, Geschlecht oder eben Gattung. All diese Merkmale berechtigen die Menschen nicht, andere Lebewesen aufgrund dieser Merkmale zu unterwerfen oder gar zu töten. Das Durchbrechen dieser Grenzen führte Singer jedoch zu einer neuen Form der Grenzziehung, mit der er alle Lebewesen einzuteilen versucht.

a) Der Personenbegriff

Singers Einteilung aller Lebewesen ist in Form eines Diagramms übersichtlich darstellbar und soll die Hierarchie dieses Systems verdeutlichen:

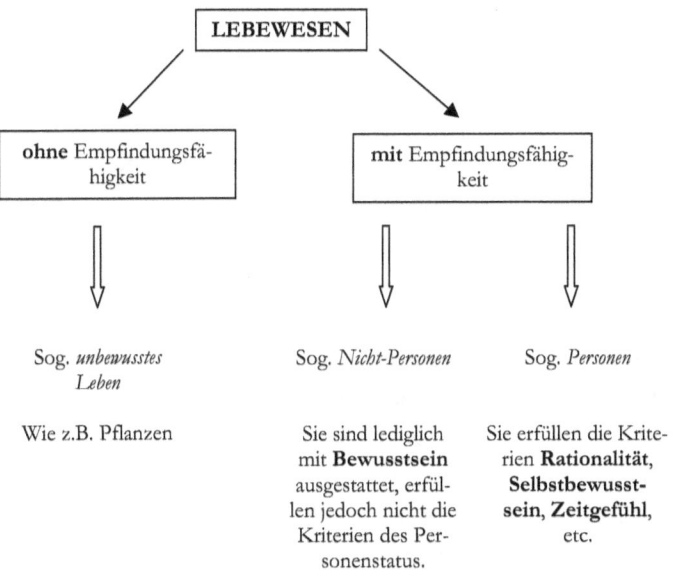

Singer teilt also zunächst alle Lebewesen durch das Kriterium ‚Empfindungsfähigkeit' in zwei Gruppen: Lebewesen mit bzw. ohne die Fähigkeit zu empfinden. Lebewesen ohne Empfindungsfähigkeit wird auch kein Interesse zugesprochen. Singer bezeichnet dies auch als *unbewusstes Leben*

und meint damit beispielweise Pflanzen. Anstötz verdeutlicht dies am Beispiel des Verdurstenlassens einer Pflanze und eines Tieres.
Während im ersten Fall nicht die Pflanze an sich leidet, sondern der Mensch, der sich um das Gedeihen der Pflanze bemüht hat, und man somit nicht der empfindungslosen und somit auch interessenlosen Pflanze Schaden zugefügt hat, verhält es sich im Falle des Tieres anders. Dieses empfindungsfähige Lebewesen leidet unter dem Flüssigkeitsentzug, wobei gleichzeitig sein Interesse weiterzuleben missachtet wird. Man begeht also im zweiten Fall eine moralisch nicht vertretbare Tat an einem bewussten Lebewesen.
Anstötz führt weiter aus, dass der Schutz der Natur somit nicht um ihrer selbst willen geschieht, sondern um die „Bedürfnisse und die Lebensqualität der betroffenen Lebewesen auf dieser Erde" zu gewährleisten. (vgl. ANSTÖTZ, 1990, 112)

Singer unterteilt nun wiederum die Gruppe der empfindungsfähigen Lebewesen, denen er Interesse zuspricht, in die Kategorien: *selbstbewusst* und *bewusst*. Damit führt er den Begriff der Person ein, der für die weitere Darstellung seiner Thesen von enormer Bedeutung und Tragweite ist. Unter *bewusstem Leben* versteht man, wie man am Beispiel Anstötz' gesehen hat, Lebewesen mit einem Interesse beispielsweise am Weiterleben. Diese bewussten Lebewesen könnte man auch als Nicht-Personen bezeichnen, denn sie erfüllen die Kriterien des Personenstatus nicht. Allein das Vorhandensein von Interessen jedoch, garantiert diesen Lebewesen jedoch kein uneingeschränktes Recht auf Leben, denn bei der Interessenabwägung erhalten diese einen geringeren Wert als die Interessen selbstbewusster Lebewesen.
Worin zeigt sich nun dieses Selbstbewusstsein?
Singer beruft sich dabei auf bereits existierende Definitionen des Personenbegriffs, wie ihn beispielsweise John Locke geprägt hat:

Unter dem Begriff Person versteht man „ein denkendes intelligentes Wesen, das Vernunft und Reflexion besitzt und sich als sich selbst denken kann, als dasselbe denkende Etwas in verschiedenen Zeiten und an verschiedenen Orten." (LOCKE, zit. in SINGER, 1994, 120)

Die zentralen Kriterien des Personenstatus sind also **Rationalität** und **Selbstbewusstsein**. Unter Rationalität fasst man Fähigkeiten wie das Erfassen zeitlicher Abfolgen, kausaler Zusammenhänge wie z.b. Wenn-dann-Beziehungen zusammen. Wie bereits erwähnt, ergibt sich nun aus dem Vorhandensein von Rationalität und Selbstbewusstsein eine höhere Wertigkeit im Falle einer Interessenabwägung.

Singer verdeutlicht dies in dem Kapitel „Der Wert des Lebens einer Person": „Ein Wesen, das in dieser Weise seiner selbst bewußt ist, ist fähig, Wünsche hinsichtlich seiner eigenen Zukunft zu haben." (SINGER, 1994, 123)

Von dieser Fähigkeit, Wünsche zu haben, sind nach Singer niedere Tiere wie beispielsweise Schnecken und vor allem Neugeborene ausgenommen. Unter Berufung auf Tooley führt er die Fähigkeit, Wünsche zu haben, weiter aus. Die Verknüpfung dieser Eigenschaft mit dem Recht auf Leben muss auch gültig sein, wenn ein Mensch, der diese Fähigkeit bereits besessen hat, momentan nicht in der Lage ist, seine Wünsche zu äußern beispielsweise während des Schlafs oder aufgrund von Bewusstlosigkeit.

Nach Tooley reicht es also aus,

> „daß sie [schlafende oder bewusstlose Menschen, Anmerk.] irgendwann einmal die Vorstellung fortdauernder Existenz hatten, um uns behaupten zu lassen, daß eine Fortsetzung ihres Lebens in ihrem Interesse sei." (SINGER, 1994, 133)

Neugeborenen kann diese Vorstellung nicht zugesprochen werden, da sie nicht fähig sind, „sich selbst als in der Zeit existierend zu begreifen." (SINGER, 1994, 132) Spontan könnte man Singer nun entgegen halten, dass Neugeborenen diese Fähigkeit als Disposition zur Verfügung haben und es somit nur eine Frage der Zeit ist, dass sie Wünsche äußern und damit deutlich machen, dass sie eine Vorstellung von Zukunft haben.

b) Das Potentialitätsargument

Für Singer jedoch ist das Potentialitätsargument nicht gültig, da es besagt, dass bereits der Embryo potentielles Leben ist und sich unter günstigen Umständen zu einer Person entwickeln könnte. Die von Singer aufgestellten Regeln müssen immer und ohne Ausnahme Gültigkeit innehaben, und somit gibt es keine Begründung dafür, dass sich aus Potentialität auf den Personenstatus ein erhöhter Anspruch auf die gleichen Rechte ableiten lässt. Nach Singer hat ein potentielles X nicht die gleichen Rechte wie X. Als Beispiel führt er hier die Situation eines Thronfolgers an, der zwar potentieller König ist, aber (noch) nicht die gleichen Rechte wie ein König besitzt. (vgl. SINGER, 1994, 199)

Vielmehr verhält es sich so, dass die Tötung eines empfindungsfähigen Wesens nur dann moralisch verwerflich ist, wenn dadurch das Überlebensinteresse des Wesens enttäuscht wird, d.h. wenn die Existenz-Präferenz des Lebewesens nicht beachtet wird. Bei einem Neugeborenen bzw. bei einem Fötus werden keine vorliegenden Interessen enttäuscht, wodurch Singer zu dem Schluss kommt:

> „dem Leben eines Fötus keinen größeren Wert zuzubilligen als dem Leben eines nichtmenschlichen Lebewesens auf einer ähnlichen Stufe der Rationalität, des Selbstbewußtseins, der Bewußtheit, der Empfindungsfähigkeit usw. **Da kein Fötus eine Person ist, hat kein Fötus denselben Anspruch auf Leben wie eine Person.**" (SINGER, 1994, 197)

Des Weiteren stellt Singer den Fötus auf eine Stufe mit dem Neugeborenen, denn er ist sich der Schwierigkeit bewusst, dass der Zeitpunkt, ab wann ein Kind nun Fähigkeiten wie Rationalität und Selbstbewusstsein entwickelt, nur schwer zu bestimmen ist. Deshalb aber nun ‚willkürlich' die Geburt als Grenze festzulegen, ist nicht rational begründbar. Erneut führt Singer das Argument an, dass „unser heutiger Schutz des Lebens von Säuglingen Ausdruck einer klar definierten christlichen Haltung ist und nicht etwa ein universaler moralischer Wert." (SINGER, 1994, 223) Er schlägt deshalb vor, einen Zeitraum von vier Wochen nach der Geburt als ‚Sicherheitsspielraum' mit einzubeziehen. Hoerster erweitert diesen Zeitraum sogar auf die ersten vier Lebensmonate eines Säuglings. Damit ist nach seinem Dafürhalten ein „optimaler Schutz dieses Lebensinteresses gewährleistet". (HOERSTER, 1995, 23)

Besonders Autoren mit theologischem Hintergrund begründeten ihr Potentialitätsargument zusätzlich auf den Hinweis der Einzigartigkeit des Menschen, die auf der Verschmelzung von Samen und Eizelle beruht und damit „ein nie zu wiederholendes Stück Information schaffe." (vgl. SINGER, 1994, 202) Singer widerlegt dies zunächst mit dem Speziesargument, nach dem auch der Fötus eines Hundes einzigartig sei und damit ein Recht auf Leben habe. Zudem ist bei dem Stand der heutigen Medizin der Begriff der Einzigartigkeit kaum mehr zu gebrauchen, da der Vorgang des Klonens genetische Kopien des Originals hervorbringt, womit seine Einzigartigkeit verloren geht und nach der Argumentation somit auch sein garantiertes Recht auf Leben.

Singer beschäftigt sich in seiner *Praktischen Ethik* mit allen Methoden der ‚fortschrittlichen' Medizin, d.h. er berücksichtigt in seiner Argumentation Formen der Reproduktionsmedizin (Bsp. In-vitro-Fertilisation) und Bioethik (Bsp. Klonen). Damit sichert er sich deutlich ab gegen jegliche Form des Angreifens seiner Thesen bezüglich der Praxis.

Seine Theorien und Kriterien sind auf jeden einzelnen Fall anwendbar und berücksichtigen keinerlei Ausnahmen. Gerade deshalb erscheinen sie derart schockierend und abschreckend.

c) Das Subsidiaritätsprinzip

Singers Eintreten für die optimale Versorgung und Förderung von Menschen mit Behinderung verursacht zunächst Erstaunen und Verblüffung. Diesen Menschen einerseits das Lebensrecht abzusprechen und gleichzeitig für deren optimale Versorgung einzutreten erscheint absurd. Doch dahinter steckt das sogenannte *Subsidiaritätsprinzip*,

> bei dem es „letztendlich um die Forderung [geht], im Gemeinschaftsleben Hilfe und Unterstützung dort zu gewähren, wo sie in besonderer Weise erforderlich sind, sei es aus Gründen einer Hör-, Sehschädigung, einer geistigen oder körperlichen Behinderung oder generell aufgrund sonstiger Notlagen;..." (ANSTÖTZ, 1988, 369)

Der Präferenz-Utilitarismus bezieht dadurch automatisch eine Gegenposition zum Nationalsozialismus, zu dem oft Parallelen gezogen werden, da auch hier Menschen mit Behinderung das Lebensrecht entzogen wurde. Singer u.a. wehren diesen Vorwurf jedoch ab, da sie weder rassistische noch andere auf bestimmte Merkmale bezogene Diskriminierungen befürworten wie dies im Nationalsozialismus der Fall war. Zudem ist das Subsidiaritätsprinzip ein Teil des hedonistischen Kalküls, mit dem die Gesamtheit des Glücks berechnet werden soll. Dies kann zum einen dadurch erreicht werden, dass das Glück an sich vergrößert wird oder aber durch die Verringerung des Leidens. In Bezug auf Menschen mit Behinderung würde dies also bedeuten, dass durch die Befriedigung der Bedürfnisse und Wahrnehmen der Interessen das Leiden verringert werden kann, was wiederum zur Steigerung des Glücks führt. Dadurch verpflichtet sich der Präferenz-Utilitarismus geradezu zur optimalen Förderung und Versorgung von Menschen, die durch Krankheit oder Behinderung ein zunächst verringertes Maß an Glück empfinden, das es nun zu vergrößern gilt.
Der Präferenz-Utilitarismus nach Singer steht also sowohl für die bestmögliche Versorgung und Förderung von Menschen mit Behinderung als auch für die zum Teil moralisch gerechtfertigte Tötung derselben. Beide An-

sichten des Nützlichkeitsprinzips, d.h. sowohl die Total- wie auch die Vorherige-Existenz-Ansicht, verpflichten zu dieser Form der Versorgung, die sich nicht nur auf den medizinischen Bereich bezieht, sondern auch auf die pädagogischen und gesellschaftspolitischen Bedingungen.
Jede Form der Diskriminierung und Benachteiligung in Bezug auf emotional-familiäre und gesellschaftliche Eingliederung muss daher verhindert werden. An dieser Stelle wird also die Tatsache kritisiert, dass in unserer Gesellschaft zwar jeder Mensch ein Recht auf Leben hat, aber kein Recht auf optimale Versorgung. Gerade die gesellschaftliche Ausgrenzung ist ein Zeichen dafür, dass das Subsidiaritätsprinzip nicht in ausreichender Form umgesetzt wird. Zwar gibt es mittlerweile unzählige Einrichtungen, Therapiemöglichkeiten, Schulen, Heime, etc. doch von einer ‚bestmöglichen Versorgung und Förderung' auch in Bezug auf Integration und Anerkennung kann nach Singers Ansicht wohl nicht die Rede sein.
Doch trotz all dieser kritischen Bemerkungen zur Realität des von Diskriminierungen geprägten Lebens von Menschen mit Behinderung, geht Singer von der grundlegenden These aus, dass „ein Leben ohne Behinderung besser ist als ein Leben mit Behinderung." (SINGER, 1994, 79) Singer verweist darauf, dass jeder Mensch sich ein Leben frei von Beeinträchtigungen wünscht. Zudem bezweifelt er, dass ein Leben mit Beeinträchtigung trotzdem von Glück erfüllt sein kann wie dies bei einem Menschen ohne Beeinträchtigung der Fall ist.

Anstötz geht hinsichtlich dieser Problematik noch auf den pädagogischen Aspekt ein:

> „Auch wenn es sich erweisen sollte, daß er [der schwerstbehinderte Mensch, Anmerk.] selbst nicht so weit gefördert werden kann, daß er zu einem Selbstkonzept gelangt, ist sein Leben [...] zu respektieren und in der Rolle des Pädagogen zu überlegen, was zu tun ist, um seine Lebenssituation personal und sozial für ihn so befriedigend und menschenwürdig zu gestalten, wie das eben möglich ist." (ANSTÖTZ, 1990, 122)

Auch hier ist die Kritik an derzeitigen pädagogischen Situation von Menschen mit Behinderung herauszulesen. Es ist ein offensichtliches Paradoxon, einerseits das uneingeschränkte Recht auf Leben für alle Menschen zu fordern, aber andererseits die pädagogische Förderung nicht garantieren zu können. Nach Anstötz liegt die Aufgabe der Behindertenpädagogik nun darin, in Vertretung für schwerstbehinderte Menschen, die ihre Bedürfnisse und Interessen selbst nicht artikulieren können, im Sinne der utilitaristischen Deutung der Gleichheitsidee für sie einzustehen.

d) Der Wert des menschlichen Lebens

Wie bereits erwähnt vertritt Hoerster die Ansicht, dass ein Neugeborenes damit sein Recht auf Leben erwirbt, „daß es geboren ist und ein Gesamtalter von mindestens 28 Wochen aufweist,..." (HOERSTER, 1995, 113) Mit diesen beiden Kriterien ist nach Hoerster gewährleistet, dass jedes menschliche Individuum vor dem Töten auf Wunsch der Eltern geschützt ist, wenn es den Kriterien entspricht. Die Tatsache, ob dieses Individuum nun behindert oder nicht-behindert ist, spielt dabei keine Rolle.
Hoerster geht zudem ausführlich auf den Wert des menschlichen Lebens ein. So unterscheidet er diesen in den Eigen- und den Fremdwert, wobei diese beiden Bezugsgrößen unterschiedlich gewichtet sein können.

> „Manche Leben sind offensichtlich für die Gesellschaft wertvoller (insbesondere nützlicher) bzw. für ihre Träger wertvoller (nämlich sinnvoller oder erfüllter) als andere. Das Gegenteil zu behaupten, wäre Heuchelei." (HOERSTER, 1995, 117)

Zwar bestreitet er nicht, dass die Beurteilung, ob ein Leben wertvoller, sinnvoller oder nützlicher ist als ein anderes, nicht „immer leicht und sicher" ist (HOERSTER, 1995, 118), doch stellt er deutlich heraus, dass der Lebenswert **nicht** unabhängig von den Wertschätzungen ist, d.h. es gibt keinen Lebenswert an sich.

Im Weiteren legt Hoerster dar, dass das Vorhandensein einer Behinderung oder Krankheit als Defizit anzusehen ist, was jedoch nicht automatisch zur Verschlechterung des Eigen- oder Fremdwertes führen muss. Im Gegenteil: die Abhängigkeit dieser beiden Bezugsgrößen von zahlreichen Faktoren ermöglicht es, dass negative durch positive aufgewogen werden können. Doch sogleich revidiert er diese großzügig anmutende Beurteilung des Lebenswertes mit folgender Aussage:

> „Insbesondere einem gravierend Kranken oder Behinderten wird es normalerweise sicher nicht gelingen, gerade als Folge dieses Defizits den Wert des Lebens zu verbessern.
> Wer diese Tatsache nicht zugeben will, müsste konsequenterweise zumindest bei Kindern, die nicht für sich selbst entscheiden können, auf jede mögliche Heilung von Krankheiten oder Behebung von Behinderungen bewußt verzichten und sogar umgekehrt Krankheiten und Behinderungen gezielt herbeiführen." (HOERSTER, 1995, 120)

Hoerster führt dieses Gedankenspiel weiter bis zur These, dass „eine Welt ohne Kranke und Behinderte besser sei als eine Welt mit solchen Individuen." (HOERSTER, 1995, 121) Wie auch bei Singer fällt an dieser Stelle auf, dass bei der Lebensrecht-Diskussion mit Hypothesen gearbeitet wird, d.h. man geht davon aus, dass ein Mensch mit Behinderung oder Krankheit sein Leben als unwert empfindet. Es ist eine bloße Interpretation, dass der Wert des Lebens an der Vollkommenheit gemessen wird. Die Tatsache, dass auch Menschen mit Beeinträchtigung ihr Leben als ausgefüllt und glücklich bezeichnen, wird von Singer u.a. als nicht nachvollziehbar und glaubhaft abgetan. Damit stellt er also Aussagen von Betroffenen in Bezug auf ihre Glaubhaftigkeit und ihren Wahrheitsgehalt in Frage. Die Frage jedoch, ob ein Mensch glücklich und mit seinem Leben zufrieden ist, kann doch eigentlich nur von ihm selbst beantwortet werden. Jegliche Fremdäußerung muss als Deutung und Interpretation gesehen werden. Problematisch wird dies natürlich bei Menschen, die sich verbal oder in anderer Form nicht oder nur schwer äußern können. Ihnen jedoch zu unterstellen, dass sie deshalb kein glückliches Leben führen, ist ebenso Spekulation wie von dem

Gegenteil auszugehen. Jedoch kann jeder, der mit Menschen mit schwerer Behinderung, d.h. in Bezug auf ihre Äußerungsfähigkeit sehr eingeschränkt, arbeitet, bestätigen, dass es Formen des Ausdrucks von Gefühlen gibt, die nur für enge Bezugspersonen sichtbar werden. Dabei spielen z.B. der Blickkontakt, die Körpersprache, der Muskeltonus, etc eine wesentliche Rolle.

3. Kritische Positionen zum Präferenz-Utilitarismus nach Singer

Wie bereits dargestellt, entfachten Singers Aussagen zum Lebenswert und Lebensrecht von Menschen mit Behinderung eine breitgefächerte Diskussion, die sich aus den verschiedenen Disziplinen wie Theologie, Ethik und Pädagogik zusammensetzt. Aus den unterschiedlichsten Theoriehintergründen und Argumentationsweisen wurde versucht, Singers Thesen zu widerlegen. Es würde den Rahmen und vor allem die Zielsetzung dieser Arbeit sprengen, all diese Ansätze zu erläutern und miteinander in Beziehung zu setzen. Daher beschränke ich mich auf Autoren der Ethik und Pädagogik, deren Kritikpunkte sich unabhängig von einer christlichen oder sonstigen religiös geprägten Weltanschauung auf die Problemkreise Lebensrecht und Lebenswert beziehen.

Zunächst sollen verschiedene Autoren zu Wort kommen, die sich auf einzelne Punkte von Singers Position beziehen, um bestimmte Begriffe in Frage zu stellen und/ oder Argumente gegen Singers Ansichten zu formulieren. Zudem stelle ich eine weitere Form von Ethik vor, die ebenfalls als Gegenpol zu Singer anzusehen ist.

Während Singer und andere Vertreter des Utilitarismus aus einer rational geprägten Richtung der Ethik kommen, deren Argumentationsstränge mit der Vernunft nachvollziehbar sein müssen und somit frei von jeglichen emotionalen und irrationalen Aspekten sind, schließen Autoren wie Antor und Bleidick die Existenz von Gefühlen in Bezug auf moralische Normen nicht aus. Sie kommen vielmehr zu dem Schluss, dass bestimmte Konflikte, in denen es um die moralische Bewertung einer Handlung geht, erst durch die menschliche Wahrnehmung ‚entstehen', d.h. die Problematik wird erst als solche erkannt, wenn Gefühle wie Mitleid oder Schuld in uns aufkommen. (vgl. ANTOR/ BLEIDICK, 1995, 59)

a) Leiblichkeit

Singers größter Angriffspunkt ist sicherlich die Problematik bezüglich des Personenbegriffs. Obwohl die Definition bzw. die Kriterien, die ein Lebewesen zu einer Person machen, nicht von Singer ‚erfunden' wurde, so stützt er doch all seine Schlussfolgerungen auf diesen Ansatz. Die Aussagen zum Lebensrecht und Lebenswert von Menschen mit Behinderung, Neugeborenen und Menschen mit schwerer Krankheit lassen sich auf diesen Kern zurückführen, denn an ihm macht er das Recht auf Leben fest.
Da sich viele der Kritikansätze auf ein ganzes Theoriekonstrukt berufen und es zu weit führen würde, jedes einzelne dieser Konzepte bzw. Denkmodelle zu erläutern, beziehe ich mich in der Kritik an Singers Personenbegriff größtenteils auf die Autoren Dederich und Antor/Bleidick.
So wird die Personalität eines Lebewesens nach Singer, die auf Fähigkeiten wie Rationalität und Selbstbewusstsein beruht, in Kontrast gesetzt mit dem Begriff der Leiblichkeit, der von Dederich auf der Basis von Merleau-Ponty ausführlich erklärt wird. So ist das Subjekt bzw. das Bewusstsein nicht loslösbar von der Welt:

> „... der Mensch [ist] also ein inkarniertes Subjekt, dessen Leiblichkeit eine körperliche, seelische und geistige Dimension einschließt und eingebunden ist in eine natürliche und soziale Lebenswelt." (DEDERICH, 2000, 145)

Die hier angesprochenen verschiedenen Dimensionen des Subjekts beinhalten, dass Vorgänge wie „Wahrnehmung, Bewegung, Empfindungen und

Gefühle" weit über „die bloße Dinglichkeit des Körpers" hinausgehen. Sie bilden vielmehr eine „Funktionseinheit". (vgl. DEDERICH, 2000, 145)

An diesem Punkt zieht auch Dederich die Verbindung zur Tierwelt, deren Leiblichkeit ebenfalls im Dialog mit ihrer Umwelt steht und sich durch Wahrnehmung und Bewegung mit ihr auseinandersetzt. Zudem beschreibt er die Merkmale dieses Leibes, der sich zunächst durch seine perzeptive, d.h. aufnehmende Natur auszeichnet. Zudem ist er gekennzeichnet durch sein Gedächtnis, mit dem er alles Erlebte speichern kann. Ein weiteres nach Dederich wesentliches Merkmal ist die Bewegung, durch die der Leib „expressiv" ist. Lebewesen können sich also durch Bewegungsmuster, Körperhaltung, Gesten etc. ausdrücken und verständigen. All diese Merkmale sind gattungsübergreifend und variieren lediglich in ihrer Ausprägung und Intensität.

Doch im weiteren Verlauf seiner Argumentation legt Dederich mit Bezugnahme auf Portmann dar, dass es einen wesentlichen Unterschied zwischen Mensch und Tier gibt, den er folgendermaßen umschreibt:

> „...**die Schaffung einer Welt gehört zur Natur des Menschen**. Diese Welt ist eine Kulturwelt, die Sprache und soziale Umgangsformen, Macht und Herrschaft, Religion und Moral, Kunst und Erkenntnis, Brauchtum und Sitte, soziale Strukturen, Technik und Ökonomie umfaßt. [...] Hieraus folgt, daß der Mensch immer nur im Kontext der menschlichen (Kultur-) Welt und als Teil von ihr, d.h. zugleich als von ihr geprägt und als ihr Erzeuger, Träger und Gestalter verstanden werden kann." (DEDERICH, 2000, 147)

Was den Menschen also gegenüber dem Tier auszeichnet, ist aufgrund der Flexibilität bezüglich des Lebensraums, an den sich die meisten Tiere angepasst haben und deshalb nicht frei in der Wahl desselben sind, dass der Mensch sich seinen Lebensraum selbst schafft. Er formt sich seine Umwelt nach seinen Vorstellungen, wobei er gleichzeitig von den Umfeldbedingungen abhängig ist. Damit ist gemeint, dass dem Menschen zwar viele Wahl- und Entscheidungsmöglichkeiten zukommen, er aber immer im Kontext seiner Kultur oder Gesellschaft, in der er lebt, handelt und entscheidet. Er ist somit ein Teil einer Welt, in der er agieren kann, indem er aber auf seine Umwelt reagiert, von der er beeinflusst und abhängig ist.

Als Unterscheidungskriterium zwischen Mensch und Tier kann dies sicherlich so verstanden werden. Gleichzeitig jedoch könnte man an dieser Stelle zum Vorwurf machen, dass sich der Mensch seine Umwelt d.h. auch die darin existierenden Lebewesen ‚untertan' macht und seine Macht, die Umwelt zu ‚formen', ausnutzt, um sich in der Hierarchie aller Lebewesen an die Spitze zu stellen. Meiner Meinung nach, ist hier Singers Vorwurf des Speziesismus nicht ausreichend Rechnung getragen worden, d.h. die Tatsache, dass der Mensch als einziges Lebewesen seinen Lebensraum in einem begrenzten Maße selbst wählen und gestalten kann, bemächtigt ihn nicht dazu, andere Lebewesen zu unterwerfen.

Doch ist anzumerken, dass sich Dederichs Argumentation auf den Begriff der Leiblichkeit bezog und keine Stellungnahme zum Spezies-Vorwurf darstellt.

Auch die Autoren Antor/Bleidick sehen wie Dederich in der Vernunft bzw. Rationalität, wie Singer sie definiert, nicht den Maßstab moralischen Handelns. Sie fordern vielmehr, „einen Vernunftbegriff, der offen ist für Vielfalt und Differenz." (vgl. ANTOR/BLEIDICK, 1995, 61) Gefordert ist also eine vernunftbezogene Sichtweise, die sich jedoch nicht ausschließlich auf die geistige oder kognitive Form von Vernunft beschränkt, sondern „sensumotorisches Handeln" in seine Wertigkeit mit einbezieht. (ANTOR/ BLEIDICK, 1995, 61) Dies ist auch mit der Definition von Leiblichkeit nach Dederich in Verbindung zu bringen, die ja die Bereiche Wahrnehmung, Bewegung, Empfindung und Gefühle als Funktionseinheit bezeichnet. Der Mensch kann also nicht nur nach seinen kognitiven Fähigkeiten ‚bewertet' werden, ohne dass man die anderen Bereiche gänzlich verleugnet. Die Einheit von Leib und Seele, die gleichzeitig agiert und reagiert und damit als reflexiv bezeichnet werden kann (vgl. DEDERICH, 2000, 157), beinhaltet damit den weitgefassten Rationalitätsbegriff. Das von Singer angeführte Kriterium des Selbstbewusstseins ist hiermit ebenso zu kritisieren. Er sieht darin lediglich die „Fähigkeit zu rationalem Schließen und Urteilen", doch die Dimension der Einheit wird ausgeblendet. Ein untrennbares Zusammenwirken von Leib und menschlichem Bewusstsein wird von Singer nicht berücksichtigt.

Antor und Bleidick gehen in ihrer weiteren Argumentation auf das Potentialitätsargument ein, das von Singer u.a. als nicht gültig anerkannt wird (s. 3.2.2). Durch das Fehlen der geforderten Fähigkeiten wird Nicht-Personen das Recht auf Leben abgesprochen.

Durch diese Vorgehensweise wird zum einen hingenommen, dass ein Lebewesen mit den Fähigkeiten einer Person, die es aber erst noch entwickelt, möglicherweise getötet wird. Zum anderen nimmt man diesem Lebewesen in Folge des Rechts auf Leben gleichzeitig das Recht auf Bildung. Vielfach wurde argumentiert, dass Personalität nicht als Voraussetzung sondern als Ziel der Pädagogik zu verstehen ist. (vgl. ANTOR/BLEIDICK, 1995, 62) In gewisser Weise soll also die Garantie erbracht werden, dass sich der pädagogische Aufwand auch lohnt und man am Ende ein Lebewesen ohne Personenstatus zu einer Person ‚erzogen' hat, das nun den geforderten Ansprüchen genügt.

Nach Antor/Bleidick „gibt es keine solchen Eigenschaften, aus denen man zweifelsfrei auf einen Mangel an Bildbarkeit rückschließen könnte - so wenig wie auf einen Mangel an Lebenssinn." (ANTOR/BLEIDICK, 1995, 63) Sie berufen sich dabei auf die empirischen Ergebnisse der pädagogischen Arbeit mit Schwerstbehinderten und bestreiten damit die Notwendigkeit eines Fähigkeitsbefunds zur Legitimation der Bildbarkeit. (vgl. ANTOR/ BLEIDICK, 1995, 63) Die Autoren sehen in dem Recht auf Leben und dem Recht auf Bildung einen wechselseitigen Zusammenhang. Nach ihnen gibt es keine untere Grenze der Bildungsfähigkeit, was nach sich zieht, dass das Recht auf Leben nicht in Frage gestellt werden kann. (vgl. ANTOR/ BLEIDICK, 1995, 11) In Berufung auf die historische Dimension von Erziehung und Bildung, aus der hervorgeht, dass der Mensch durch Bildung seine Anlagen weiterentwickeln kann, leitet sich das Recht ab, dies in Anspruch zu nehmen, wobei das Recht auf Leben Grundvoraussetzung dafür ist.

Die Diskussion um den Begriff der Bildung soll an dieser Stelle nicht weiter vertieft werden, doch ist das Recht auf Bildung zumindest Teil der kritischen Position gegenüber Singers Thesen in Verbindung mit den Begriffen Leib und Vernunft. Gleichzeitig lassen sich daraus Folgen und Ziele bezüglich der Pädagogik ableiten, die in Kapitel 5 im Zentrum des Interesses stehen werden.

b) Das Dammbruch-Argument

Antor und Bleidick mahnen zudem an, dass „eine Entwicklung in Gang [gesetzt wird], die sich nicht an einem beliebigen Punkt stoppen läßt, sondern eine Eigendynamik entfaltet." (ANTOR/BLEIDICK, 1995, 66) Sie sprechen damit das sogenannte Dammbruch-Argument an, das sich in zweierlei Hinsicht zeigen könnte. Zum einen könnte sich die allgemeine Lebenssituation und Akzeptanz von Menschen mit Behinderung verschlechtern.

Zudem ist ein Stein ins Rollen gebracht, der in Zukunft weitere Personenkreise miteinbeziehen könnte. Die ‚Grenze des Zumutbaren' ist nicht klar definiert und könnte aufgrund von Verschiebungen bezüglich der Auffassung dessen, was als ‚lebenswert' erachtet wird, Ausmaße annehmen, die noch nicht abschätzbar sind. So ist bereits jetzt die Definition von schwerbehindert bzw. schwerstbehindert nicht klar umrissen. Der Dammbruch könnte darin bestehen, die Kriterien zu verschärfen und Personen mit einzubeziehen, die nach heutiger Ansicht nicht unter diese Bezeichnung fallen. Antor und Bleidick sehen zudem die Gefahr, dass mit der Möglichkeit der Verhütung eine Entwicklung begonnen hat, die zunehmend die Entscheidung über ein Kind erleichtert. Die Verhütung an sich beinhaltet noch keine Selektion von behinderten Föten, aber bereits die Abtreibung ermöglicht, wie in Kapitel 1.2 ausführlich erklärt, die Entscheidung über ein behindertes Kind. Der Dammbruch könnte sich also weiter fortsetzen, indem die Kindstötung nach der Geburt aufgrund einer schweren Behinderung zugelassen würde. Singer oder auch Hoerster haben dies bereits vorgeschlagen, wobei sie in der Zeitspanne, die für diese Entscheidung nach der Geburt zur Verfügung stehen sollte, nicht übereinstimmen. Aber auch dies ist ein Zeichen dafür, dass die Zulassung des Tötens nach der Geburt weitere Kreise in Bezug auf den Zeitpunkt dieser Entscheidung ziehen könnte. Parallel zur Diskussion um den Lebenswert von Föten und Neugeborenen steht zugleich die Frage um die aktive Sterbehilfe bei alten und schwerkranken Menschen im Raum. Auch sie zählt zum Bereich des Dammbruch-Arguments, das damit alle Menschen mit ein bezieht, die im Laufe ihres Lebens einmal in die Situation kommen können, schwer zu erkranken, zu verunfallen o.ä. .

Das Dammbruchargument ist somit ein von der Gesellschaft hoch brisantes und viel diskutiertes Thema, da beispielsweise die Regelung der aktiven Sterbehilfe innerhalb Europas nicht einheitlich ist. Was also in benachbarten Ländern bereits zum Alltag gehört, ist in der Bundesrepublik noch verboten. Aber wie lange noch?

Die Frage, welche Konsequenzen jede weitere Ausdehnung der Sterbehilfe, gleich auf welche Personengruppe sie sich nun bezieht, haben könnte, bleibt unbeantwortet.

Weitere Faktoren, die diese Befürchtung des Dammbruches stützen, sollen im Kapitel zum gesellschaftspolitischen Aspekt näher erläutert werden, da die politischen Verhältnisse, die sozialwirtschaftliche Lage und das Bild von Menschen mit Behinderung in der Gesellschaft stark zu dieser Tendenz beitragen. Die gesellschaftliche Diskussion muss sich also mit allen Einflussfaktoren und Negativprognosen befassen, um den Dammbruch zu verhindern.

c) Der Begriff „Verantwortung" nach Hans Jonas

Da Singer und andere Philosophen des Utilitarismus häufig mit Extrembeispielen arbeiten, um an deren Konstellation die Umsetzung moralischer Maßstäbe zu verdeutlichen, argumentiert Hans Jonas folgendermaßen:

> „Man kann keine Moral für Extremsituationen schaffen. Man kann nur, allerdings von sehr grundlegenden ethischen Prinzipien aus, zur höchsten Pflicht machen, die Menschheit nie in eine Rettungsboot-Situation kommen zu lassen." (JONAS zit. in STEIN, 1992, 90)

Die klassische Rettungsboot-Situation, bei der es darum geht, „welche moralischen Grundsätze gelten, wenn in einem Rettungsboot nur 30 Menschen unterkommen, aber 60 weitere im Wasser sind" (STEIN, 1992, 90), wird vielfach herangezogen, wobei nur die Dimension der Gegenwart berücksichtigt wird. Jonas hingegen plädiert für eine zukunftsorientierte Dimension bezüglich der **Verantwortung**. Seine Definition von Verantwortung innerhalb der Zukunftsethik beinhaltet zwei zu erfüllende „Pflichten":

> zunächst soll die Zukunftsethik „Vorstellungen von Fernwirkungen" beschaffen, um Einspruch erheben zu können
> die zweite Pflicht besteht darin, ein Gefühl zu erringen, das „dem Vorgestellten angemessen" ist. Nach Jonas muss „man sich selbst von den Folgen affizieren lassen [...] und fragen [...], was das für die eigene sinnhafte affektive Existenz bedeutet. (JONAS zit. in STEIN, 1992, 90)

Was Jonas hier anspricht, ist die Verbindung von **Herz und Verstand**, die wiederum zum „Prozeß der Vernunft" führen soll. (vgl. STEIN, 1992, 91) Die erste Ebene bezieht sich dabei eher auf den rationalen Teil der Urteilsfindung, während es bei der zweiten Pflicht um das Gefühl geht, das durch die *Affizierbarkeit* des Menschen entsteht. Moral ist demnach der „Welt der Gegenstände, der Natur und den anderen Menschen, die uns [...] mit ihrem Anspruch „affizieren" [entsprungen]." (vgl. DEDERICH, 2000, 209) Verantwortung findet also nach Jonas nicht auf der rationalen Ebene allein statt, sondern ist zugleich ein Gefühl.

Dederich plädiert ebenfalls dafür,

> „Gefühl und Rationalität nicht künstlich auseinander zudividieren, sondern eine Ethikkonzeption zu erarbeiten, die eine partikularistische und universelle Moral integriert: Fürsorge und Gerechtigkeit, die kontextuelle Perspektive und den Gesichtspunkt der Verallgemeinerbarkeit, **Verstand und Gefühl**." (DEDERICH, 2000, 207)

Hinter diesem Bild steckt auch die Vorstellung, dass der Mensch ein Gemeinschaftswesen ist, das durch den Austausch mit seiner Umwelt, speziell mit seinen Mitmenschen Vernunft erlangen kann. Verantwortung ist nach Jonas also eine Form von Macht, denn wer Verantwortung hat, hat gleichzeitig Einfluss auf etwas. Nach Thimm ist Jonas' zentrale Stelle in seinem Werk *Das Prinzip Verantwortung* die Beschreibung des Kindes als „Urgegenstand der Verantwortung". (JONAS zit. in THIMM, 1993, 85)

Das Kind richtet von Beginn an eine Aufforderung an seine Umwelt, angenommen zu werden. Nach Jonas könnte man dies gleichsetzen mit dem Ausdruck von Zukunft, den das Kind hiermit äußert. Hinzu kommt, dass die Umwelt nun ihrerseits alle Möglichkeiten schafft, die das Kind benötigt, um sich entfalten zu können. Sie übernimmt dadurch Verantwortung. Das Kind als Urgegenstand der Verantwortung verkörpert also die ursprünglichste Form von „Einander-Annehmen". Gleichzeitig wird in gewisser Weise Verantwortung für etwas „Unbekanntes" übernommen. Jonas spricht hier von „Mut zur Verantwortung" (JONAS zit. in THIMM, 1993, 86)

Stein wiederum wirft in ihrer Darstellung des Begriffes Verantwortung Singer vor, er entwickle eine Ethik, die Verantwortungslosigkeit hervorruft. Die bereits erwähnte Rettungsboot-Situation, die nach Singer bereits im Voraus kalkulierbar ist, ist nach Stein eine der Situationen, „die das Bewusstsein der Beteiligten entsorgen und ihnen die bequeme Möglichkeit schaffen, ihre Vernunft nicht zu entwickeln, sondern in faktischer, aber bequemer Antihumanität zu verbleiben." (STEIN, 1992, 92)

d) Diskurs-Ethik

Nach Antor/Bleidick versteht sich die Diskursethik als eine; „die unsere moralischen Entscheidungen aus der Kommunikation und Abstimmungsbedürftigkeit unseres Tun mit anderen erklären will." (ANTOR/BLEIDICK, 1995, 69) Im Zentrum steht also der kommunikative Aspekt, der garantieren soll, dass die Interessen aller Betroffenen berücksichtigt werden. Nach Habermas, den man als einen der Begründer der Diskursethik ansehen kann, lautet der Universalisierungsgrundsatz folgendermaßen:

> „Jede gültige Norm muß der Bedingung genügen, daß die Folgen und Nebenwirkungen, die sich aus ihrer *allgemeinen* Befolgung für die Befriedigung der Interessen *jedes* Einzelnen voraussichtlich ergeben, von allen Betroffenen zwanglos akzeptiert werden können." (HABERMAS, zit. in DEDERICH, 2000, 121)

Zudem erhebt die Diskursethik den Anspruch, dass „jeder Konflikt rational lösbar" ist. (HÖFFE zit. in DEDERICH, 2000, 121) Ausgehend von dieser Grundlage ergeben sich nun etliche Fragen, die im Folgenden zu klären sind.
Wie stellt sich nun die Diskursethik dem Problem des Lebensrechts?
Da die kommunikative Komponente von zentraler Bedeutung ist, kann nur derjenige seine Interessen vertreten, der auch an einem solchen Diskurs teilnimmt. Somit stellt das Lebensrecht eine „Minimalerfordernis" (ANTOR/ BLEIDICK, 1995, 71) dar, ohne die ein Diskurs mit allen Betroffenen nicht stattfinden kann. Doch in Bezug auf konfliktreiche Lebenssituationen müssen die realen Verhältnisse berücksichtigt werden, d.h. das Lebensrecht als Voraussetzung des Diskurses ist nicht als „Handlungsempfehlung" anzusehen, sondern vielmehr als „Basisnorm", die man notfalls auch ‚umgehen' muss. Somit eröffnet diese Ethik je nach Auslegung alle Formen der aktiven und passiven Sterbehilfe unter der Voraussetzung eines „sogenannten Verantwortungsdiskurses". Im Falle eines Kindes mit schwerer Behinde-

rung könnte dieser Diskurs zwischen Eltern, Ärzten, Pflegern und Behindertenvertretern erfolgen. (vgl. ANTOR/BLEIDICK, 1995, 72) Ebendies ist der entscheidende, zu kritisierende Punkt an der Diskursethik. Die Tatsache, dass der/ die Betroffene selbst nicht an dem Diskurs teilnehmen kann, macht es notwendig, dass eine Vertretung an dessen/ deren Stelle tritt. Die Interessen werden also stellvertretend bzw. „advokatorisch" (ANTOR, 1991, 226) wahrgenommen. Zu bedenken ist aber, dass jede dieser Entscheidungen zum einen auf einer Antizipation beruht, d.h. man kann nur annehmen, wie sich der/ die Betroffene entscheiden würde, wenn er/ sie dazu in der Lage wäre. Zum anderen ist davon auszugehen, dass „advokatorische Entscheidungen [...] notwendig „provisorisch" [sind]". (ANTOR, 1991, 226) Denn gerade im Falle der Lebensrechtsfrage ist die Entscheidung nicht mehr rückgängig zu machen.

Die Diskursethik setzt sich aus zwei unterschiedlichen Ebenen zusammen. Zunächst geht es um die Frage, ob das Prinzip des Lebensrechts anwendbar ist, d.h. ob „dem betroffenen Kind ein Weiterleben zuzumuten" ist. (vgl. ANTOR/BLEIDICK, 1995, 72) Diese Frage könnte nur unter idealen Bedingungen bejaht werden. Doch eben dieser Idealzustand einer Gesellschaft ist nicht existent, was nun auf der zweiten Ebene zum Tragen kommt. Es stellt sich die Frage, ob „sich das mit der Verantwortung der stellvertretend für das Kind Handelnden [verträgt]". (vgl. ANTOR/BLEIDICK, 1995, 72) Es kommen nun also alle Einflussfaktoren hinzu, die den Idealzustand beeinträchtigen und gegebenenfalls dazu führen, dass dem Kind ein Weiterleben nicht zugemutet werden kann.

Die beiden dargestellten Ebenen spiegeln sich auch in der deutschen Rechtslage wieder, bei der zwar ein **für alle** geltendes Lebensrecht im Grundgesetz verankert ist, was jedoch durch den Abtreibungsparagraphen 218 wieder eingeschränkt wird durch die straffreie Abtreibung im Rahmen von festgesetzten Kriterien ($\Rightarrow$ medizinische Indikation).

Zu der Problematik der Stellvertretung kommt noch ein weiteres Problem. Wie bereits beschrieben, soll der Diskurs interdisziplinär ausgerichtet sein, d.h. die beteiligten Diskurspartner sollten aus verschiedenen Sichtweisen ihren Beitrag zur Konsensbildung leisten. Doch gerade hier wird deutlich, dass eine wertpluralistische Gesellschaft wie unsere keine gemeinsame Basis bietet, auf deren Grundlage man gerade im Falle einer Lebensrechtsdiskussion zu einem Konsens kommen könnte. Die Frage, ob ein Kind mit Behinderung ein ‚lebenswertes' Leben zu erwarten hat oder ob die Eltern dieses ‚Leid' ertragen können, wird von jedem Diskursteilnehmer unterschiedlich eingeschätzt und bewertet. Ist es dann überhaupt möglich, eine Antwort auf die Frage des Weiterlebens zu finden?

In Verbindung mit dem Stellvertretungs-Problem muss sich die Diskursethik also der Kritik stellen, die Position des/ der Betroffenen advokatorisch vor einem interdisziplinären Gremium zu vertreten, was die beschriebenen Problemkreise hervorruft. Doch trotz all dieser Einschränkungen geht nach Dederich von der Diskursethik ein „produktiver Impuls aus, den es aufzunehmen gilt." (DEDERICH, 2000, 122) Er versteht darunter „die Einsicht, daß die Gültigkeit, Überprüfung, Reflexion und Revision von Normen auf kommunikative und diskursive Verständigungsprozesse zurückgeht und an sie gebunden ist." (DEDERICH, 2000, 122) Die Notwendigkeit „einer gewaltfreien diskursiven Annäherung und Klärung" (DEDERICH, 2000, 122) ist vor allem in einer Gesellschaft sichtbar, die durch Pluralität und Liberalität gekennzeichnet ist. Die Vielfalt von Werten und Normen, Sichtweisen und Positionen macht einen Austausch darüber unbedingt notwendig und sichert in gewisser Weise, dass alle Positionen berücksichtigt werden, wenn auch in advokatorischer Form.

Die Diskursethik stellt in der Kritik an Singers Position nur einen möglichen Weg der Gegenargumentation dar. Im Unterschied zu den bereits angeführten Punkten wie dem Begriff der Leiblichkeit oder dem Recht auf Bildung, die sich nur auf einzelne Bereiche von Singers Gesamtkonzept beziehen, steht die Diskursethik eher in ihrem grundlegenden Ansatz im Widerspruch zu Singer. Sie gibt weniger konkrete Anweisungen, als vielmehr die Art der Auseinandersetzung vor. Zu betonen ist, dass dies aber auch die Möglichkeit eröffnet, dass Singers Ansichten in einem solchen

Diskurs ebenfalls vertreten werden können und somit in die Entscheidungsfindung mit eingehen.

Solange jedoch Autoren aus den verschiedenen Disziplinen kritisch mit Singers Werken umgehen und sich mit einzelnen Gesichtspunkten befassen, um sie möglicherweise auch zu widerlegen, ist der Diskurs eine notwendige Form der Entscheidungsfindung. Wie bereits erwähnt, spielen vor allem auch die gesellschaftspolitischen Einflussfaktoren eine Rolle.

IV. Der gesellschaftspolitische Aspekt

In dem nun folgenden Kapitel sollen verschiedene Bereiche innerhalb einer bzw. unserer Gesellschaft näher beleuchtet werden. Wie bereits in den vorherigen Kapiteln angedeutet wurde, spielen viele Faktoren innerhalb der gesellschaftlichen Strukturen eine Rolle. Diese Faktoren wirken sich bezüglich unserer zentralen Fragestellung, ‚ob ein Kind zu behindert für diese Welt ist', in einer noch zu erörternden Weise aus. Im Folgenden sollen also sowohl der gegenwärtige Zustand wie auch mögliche Tendenzen aufgezeigt werden, die im Rahmen der Thematik von Wichtigkeit sind. Darunter fallen beispielsweise das Bild von Menschen mit Behinderung einerseits und die rasanten Entwicklungen in der Medizin andererseits, um nur zwei der unzähligen Aspekte zu nennen.

Um jedoch den Rahmen dieser Arbeit nicht zu sprengen, habe ich mich auch bei diesem Aspekt auf einige Punkte konzentriert, die ausführlich dargestellt werden sollen. Das Gesamtbild weist dadurch sicherlich Lücken auf, die an anderer Stelle gefüllt werden könnten. In dieser Arbeit jedoch liegt der Schwerpunkt darauf, ein mosaikartiges Bild zu entwerfen, bei dem alle Aspekte berücksichtigt, aber nicht in ihrem vollen Umfang beleuchtet werden.

1. Pluralität

Dieses mosaikartige Bild könnte man auch bezüglich unserer Gesellschaft entwerfen, denn typisch für unsere Zeit ist die Vielfalt und Unterschiedlichkeit in allen Lebensbereichen. Diese Vielfältigkeit zeigt sich in den Weltanschauungen und Wertvorstellungen jedes Einzelnen, in den unterschiedlichen Lebensformen und in der immer größer werden zu scheinenden Entscheidungsvielfalt. Das Kennzeichen der Postmoderne ist also die Pluralität, in der die unterschiedlichsten Vorstellungen und Denkmuster

nebeneinander existieren und, wie z.B. bei Lebensentwürfen häufig sichtbar, immer mehr aus tradierten Mustern herausgelöst werden. (vgl. DEDERICH, 2000, 50)
Daraus ergibt sich wiederum, dass es aufgrund dieser Vielfältigkeit kaum noch allgemeingültige Werte oder gar Weltanschauungen gibt. Wir leben in einer wertpluralistischen Gesellschaft, in der die Individualisierung stark ausgeprägt ist. Nicht mehr der gesellschaftlich anerkannte und einheitliche ‚Werte-Kanon' steht im Mittelpunkt der Entscheidungsfindung, sondern die individuelle Auslegung und Interpretation der unterschiedlichsten Ansichtsweisen. Jeder einzelne findet eine für sich und seine Umwelt passende Antwort, was jedoch mittlerweile ebenso gesellschaftlich akzeptiert wird, wie die ehemals gültige ‚Einheits-Sichtweise', überspitzt formuliert. Wo früher beispielsweise die Religion eine Antwort auf alle Fragen bereitstellte, ist heute die Praxis der individuellen Auslegung üblich. Tradierte Weltanschauungen und Wertvorstellungen werden abgelöst von den unterschiedlichsten Strömungen und Einflüssen anderer Länder und Kulturkreise. Diese Form der Pluralität ist jedoch mittlerweile ein Phänomen in unserer Gesellschaft, das auf dem Weg zur Selbstbestimmung als etwas Positives eingestuft wird, d.h. jeder einzelne kann in gewisser Weise und im Rahmen des Legalen selbst sein Leben gestalten und Entscheidungen treffen. Die Pränataldiagnostik beispielsweise wurde schnell als Form der Selbstbestimmung deklariert, da nun die Frau selbst entscheiden kann, ob sie ein Kind mit Behinderung zur Welt bringt oder nicht. Inwieweit nun in diesem genannten Beispiel die Frau wirklich selbst entscheidet, inwieweit sie gesellschaftlich geprägt und abhängig ist und ob es überhaupt eine selbstbestimmte Entscheidungsfreiheit geben kann, soll im Weiteren näher diskutiert werden.

Zunächst jedoch sollen die gesellschaftlichen Strukturen und ihre Charakteristika im Zentrum stehen, um daran anschließend eine Perspektive zu bereiten, die notwendige Anforderungen an die Gesellschaft enthält. Auf das Merkmal der Pluralität wurde bereits näher Bezug genommen. In diesem Zusammenhang fallen oft auch die Begriffe ‚Heterogenität' oder ‚Differenz'. Sie sind ebenso Kennzeichen der postmodernen Gesellschaft und beschreiben somit den gesellschaftlichen Zustand der Vielfalt und Unterschiedlichkeit. Die Verbindung dieser Merkmale zum Universalisierungsanspruch ist jedoch nicht zu umgehen. Was zunächst widersprüchlich erscheint, wird verständlich durch den Aspekt der Anerkennung von Heterogenität und Vielheit, der ebenso als universaler Anspruch zu verstehen ist. (vgl. DEDERICH, 2000, 54)

> „Die universale Gleichheitsforderung verbietet eine ‚Hierarchisierung' von gesellschaftlichen Subgruppen, der Geschlechter, von verschiedenen Ethnien oder von Individuen (beispielsweise nach der Maßgabe körperlicher Wohlgeformtheit, individueller Begabung oder gesellschaftlichem Nutzen)." (DEDERICH, 2000, 54)

Somit besteht also in einer pluralistischen Gesellschaft wie unserer ebenso der Anspruch, dass, wie im Grundgesetz verankert, alle Menschen gleich sind und keiner aufgrund der genannten Merkmale diskriminiert werden darf. Die Voraussetzung für diese wechselseitige Anerkennung ist ein demokratischer Kontext, der die Rahmenbedingungen für einen Diskurs schafft, in den alle wichtigen Fragen und Probleme eingebracht werden können. (vgl. DEDERICH, 2000, 55)
Doch auf welcher Basis findet nun die Entscheidungsfindung statt?
Eingangs wurde erläutert, dass die Vielfalt von Interpretationen, Wertvorstellungen, etc dazu führt, dass es keinen gemeinsamen, moralischen Kodex mehr gibt. Es scheint hingegen nur noch einen

> „Minimalkonsens zu geben, was die normative Grundlage unseres Zusammenlebens anlangt: die Anerkennung rechtsstaatlicher, auf Wahrung individueller Grundfreiheiten bedachter Prozeduren." (vgl. ANTOR, 1996, 161)

Die moderne Gesellschaft zeichnet sich also nicht durch ‚inhaltliche Gemeinsamkeit' aus, sondern durch „liberale und demokratische Prinzipien". (WELLMER, zit. in ANTOR, 1996, 161) Die Definition vom ‚guten Leben' wird nicht von der Gesellschaft an sich bereitgestellt, sondern ist zum Großteil Interpretation ihrer Mitglieder.

Als Gegenbewegung zu dieser ausgeprägten Form des Pluralismus hat sich ausgehend vom angelsächsischen Raum der Kommunitarismus entwickelt, dessen Schlüsselfrage lautet: „Wie viel Gemeinschaft braucht der Mensch?" (vgl. ANTOR, 1996, 162) „Die Philosophie des Kommunitarismus [...] möchte Menschen auf gemeinschaftsförderliche, substantielle Wertüberzeugungen verpflichten." (ANTOR, 1996, 161) Dieses Anliegen ruft geradezu die Assoziation einer „Vereinheitlichung der Vielfalt" (ANTOR/BLEIDICK, 1995, 86) hervor. Wird im Kommunitarismus also die Ansicht, was ‚gutes Leben' auszeichnet, von der Gesellschaft/vom Staat vorgegeben?

Es verhält sich jedoch vielmehr so, dass die Zielsetzung bezüglich gesellschaftspolitischer Veränderungen beide Aspekte beinhalten sollte. Die unterschiedlichen Vorstellungen von dem, was als ‚gut' bezeichnet wird, sollten nebeneinander existieren können und nicht einer Vereinheitlichung zum Opfer fallen. Gleichzeitig jedoch sollte ein Maß an Gemeinsamkeit gefunden werden, das die Differenzierung nach Interessen und Fähigkeiten trotz allem zulässt. Sicher ist dies ein sehr hoher Anspruch an eine Gesellschaft, doch ist, wie bereits deutlich wurde, keine der beiden Ansätze für sich eine Alternative. Weder die schier unendliche Vielfalt und Differenz einerseits noch die Vereinheitlichung andererseits stellt eine adäquate Form der Entscheidungsfindung in einer auf Demokratie basierenden Gesellschaft dar.

> „Es macht die Besonderheit der Aufgabenstellung in der Behindertenpädagogik aus, dass sie zwar ein naheliegendes Interesse an einer Stärkung des Gemeinwohls haben muß, daß sie zugleich aber die gegenwärtigen Pluralisierungstendenzen nicht einfach nur in ihren bedrohlichen Erscheinungen der Auflösung und Entsolidarisierung wahrnehmen darf." (ANTOR, 1996, 160f)

Ohne bereits an dieser Stelle näher auf die Anforderungen an die Behindertenpädagogik einzugehen, soll in Bezug auf das Spannungsverhältnis von Pluralismus und Kommunitarismus die Aufgabe an die Vertreter dieser Disziplin kurz angerissen werden, da sie stellvertretend für weitere Untergruppen der Gesellschaft, die sich gegen Diskriminierung wehren müssen, stehen. Die Anforderung an die Gesellschaft muss lauten: Mehr Solidarität im Zuge der vielfältigen Wertvorstellungen und Weltanschauungen in Verbindung mit der „Liberalität des garantierten Freiraums für individuelle Abweichungen" (vgl. ANTOR, 1996, 161)

Diese bisher nur sehr allgemein gehaltene Merkmalsbeschreibung der modernen Gesellschaft soll nun im Folgenden weitergeführt werden, indem konkrete ‚Phänomene' oder Situationen aufgezeigt werden, die deutlich machen, dass die Frage, ‚ob ein Kind zu behindert für diese Welt ist', auch aus gesellschaftspolitischer Sicht höchste Brisanz aufweist.

2. Das Gesundheitsideal

Von zentraler Bedeutung im Zusammenhang mit dieser Fragestellung ist das Gesundheitsideal, das in unserer Gesellschaft herrscht. Es ist zum einen geprägt von dem Fortschritt der Medizin, der Hoffnungen weckt bezüglich bisher nicht behandelbarer Erkrankungen. Er vermittelt aber auch das trügerische Gefühl, dass alles von Menschenhand gelenkt, kontrolliert und beeinflusst werden kann. Gleichzeitig ändert sich auch die Definition des ‚Gesunden'. Während man zunächst davon ausgeht, dass Gesundheit lediglich die Zustandsbeschreibung eines Menschen ohne Erkrankungen und Beeinträchtigungen ist, wird zunehmend die Fitness und Power eines Menschen Indikator dafür, ob man ihn als ‚gesund' bezeichnet. Scheinbar reicht es nicht mehr aus, lediglich frei von Erkrankungen zu sein, man muss zusätzlich dem Ideal entsprechen, körperlich agil und belastbar zu sein. Alle Formen der Körperertüchtigung der verschiedensten Sportarten oder Kulturkreise erlebten in den letzten Jahrzehnten ihren Höhepunkt. Von Aerobic über Walking bis hin zu Tae Bo, allen ist das Ziel gemeinsam, den Menschen das Gefühl zu vermitteln, gesund zu leben. Damit soll nicht in Frage gestellt werden, ob körperliche Ertüchtigung nun gut für Kreislauf und Wohlbefinden sei. Jedoch lässt sich eine eindeutige Tendenz in der Gesellschaft feststellen, die den Begriff ‚gesund' mit ‚fit' gleichsetzt.

Was hat dies nun mit dem Bild von Behinderung zu tun?
Durch den zunehmenden Einfluss von Medien in die Meinungsbildung der Menschen besteht die Gefahr, dass ein Ideal entworfen wird, in dem vor allem die äußerliche Erscheinung und die Fitness eine Rolle spielen. Was schon der Normalbürger nicht oder nur unzureichend erfüllen kann, bleibt einem Menschen mit Behinderung wohl gänzlich verschlossen. Das Ideal, das uns präsentiert wird, lässt Unzulänglichkeiten oder Abweichungen im Prinzip nicht zu. Gesund zu sein, heißt gleichzeitig leistungsfähig zu sein, was für Arbeitgeber natürlich von größter Wichtigkeit ist. So erklärt sich auch die Tendenz, dass immer mehr Firmen eigene Fitnesskurse anbieten oder aber Verträge mit Studios abschließen, um die Kosten für den Arbeitnehmer zu senken. Denn „nur in einem gesunden Körper steckt ein gesunder Geist." (vgl. MÜRNER/SCHMITZ/SIERCK, 2000, 76)
Oder aber aus der Sicht der Ethik gesprochen:

> „Glück heißt gesund sein, schön sein, fit sein, effizient sein, sprechen, lachen, denken, laufen können; Leid dagegen heißt behindert sein, altersverwirrt sein, schwach sein, eine Last sein, vielleicht nicht sprechen, lachen denken, laufen können, auf dem Weg zum Sterben sein." (KOBUSCH, 1992, 51)

Was dieses herrschende Gesundheitsideal ebenfalls stark prägt, ist die Entwicklung im prophylaktischen Bereich. Es wird vermittelt, dass man mit Hilfe spezieller Untersuchungsverfahren und -methoden bereits im Voraus viele Krankheiten verhindern kann, was in Bezug auf die Krebsvorsorge oder beispielsweise im zahnärztlichen Bereich sicher seine Berechtigung hat.
Was aber, wenn Frauen durch die pränatale Diagnostik gezeigt wird, dass behindertes Leben vermeidbar ist?

Wie bereits in Kapitel 1 ausführlich dargestellt, ist unter ‚Vermeidung' in diesem Fall die Abtreibung aufgrund der Diagnose zu verstehen. Behinderung als Grund für den unzumutbaren Zustand der Frau ist eine Diskriminierung behinderten Lebens.

Nach Thimm könnte sich die Gefährdung des Ansehens von Menschen mit Behinderung „aus der forcierten Entwicklung in der Pränataldiagnostik in Verbindung mit der gesundheitsfetischistischen Grundströmung in der Bevölkerung ergeben." (THIMM, zit. in ANTOR/BLEIDICK, 1995, 82)

Die Pränataldiagnostik muss sich also den Vorwurf gefallen lassen, dass sie Erwartungshaltungen weckt, die in der Form nicht zu erfüllen sind. Das schon oft genannte ‚Baby auf Bestellung', das zumindest die Veranlagung besitzt, dem herrschenden Ideal näher zu kommen, darf nicht von Seiten der Medizin garantiert werden. Zudem wird vielen die Problematik nicht deutlich gemacht, dass „nur der kleinere Teil aller Behinderungen [...] auf genetischen Defekten [beruht]" (ARZ DE FALCO, 1996, 58), was im Umkehrschluss bedeutet, dass ein Großteil durch die pränatalen Untersuchungen nicht aufgedeckt werden kann.

3. Das Ideal einer „leidensfreien Gesellschaft"

Was die zentrale Problematik in der Entwicklung des Gesundheitsideals ist, zeigt sich in dem Anspruch einer „leidensfreien Gesellschaft" (DEDERICH, 2000, 202). Krankheit und Tod bilden ein Tabu und werden somit kaum thematisiert, geschweige denn als Teil unseres Lebens betrachtet, wie dies in vielen anderen Kulturen der Fall ist.

Um in einer leidensfreien Gesellschaft leben zu können, muss also alles, was damit verbunden ist, beseitigt werden. Es stellt sich die Frage, wessen Leid eigentlich damit gemeint ist. Ist es das Leid des Betroffenen selbst, der seine Krankheit/ seine Beeinträchtigung als Leid empfindet? Oder ist es eher der Nicht-Betroffene, der jedoch das Leid des anderen als solches empfindet?

Diese Fragen sollen und können keinesfalls pauschal beantwortet werden. Es ist aber zu bedenken, dass beide in der Gesellschaft existent sind und sich gegenseitig beeinflussen. Die Zuschreibung des Leides ruft bei dem Betroffenen wohl häufig auch das Gefühl hervor, ‚zur Last zu fallen'. Das nun ausführlich beschriebene Gesundheitsideal, das sich an dem Schönen und Fitten orientiert, verstärkt das Gefühl der Unzulänglichkeit und vor allem auch Unbrauchbarkeit.

Spaemann umschreibt dies mit der in der Gesellschaft existenten „Pflicht zum Glücklichsein, zum keep smiling". (SPAEMANN, 1991, 145) Nach ihm „[gilt] der Anblick von Schmerz, Leiden, Krankheit, Verunstaltung und Tod [...] als unzumutbar" in einer hedonistischen Gesellschaft. (vgl. SPAEMANN, 1991, 145) Die Tabuisierung all dieser zum Leben gehörenden ‚Zustände' oder Gegebenheiten trägt dazu bei, dass man Menschen mit Behinderung als bemitleidenswert erachtet und damit gleichzeitig an den Rand der Gesellschaft stellt. Das Mitleid zeigt sich in den unterschiedlichsten Situationen und kann verschiedene Bedeutungen haben. Im Sinne von Mitgefühl und dem Wunsch, den anderen verstehen zu können, ist Mitleid sicher eine weitverbreitete Form, um dem anderen mitzuteilen, dass man für ihn da ist.

Gerade aber in Bezug auf Menschen mit Behinderung kann Mitleid auch eine diskriminierende und abwertende Form annehmen, indem deutlich wird, dass derjenige, der Mitleid empfindet, seinen Gegenüber als nicht lebenswert erachtet. Der Mensch mit Behinderung wird vollständig mit seiner Unzulänglichkeit identifiziert und somit zum leidenden Mensch. Die Frage, ob er sich selbst als solches empfindet, wird nicht gestellt. Die Zuschreibung geschieht automatisch und ohne jeglichen Austausch.

Ein Beispiel, das diese These in signifikanter Weise stützt, findet sich in gängigen medizinischen Nachschlagewerken, wie es sie vermutlich in den meisten Haushalten gibt. Sie dienen dem Laien, medizinische Fachausdrücke nachzuschlagen oder ‚Auffälligkeiten' bestimmen zu können, ohne im ersten Moment des Auftretens einen Experten damit zu behelligen. Man stelle sich nun werdende Eltern vor, die erst durch die Vorsorgeuntersuchungen während der Schwangerschaft zum ersten Mal mit der Thematik ‚Behinderung' in Kontakt kommen und nun in einem solchen Lexikon der Kinderkrankheiten die Bezeichnung „Down-Syndrom" nachschlagen und diese Abbildung vorfinden:

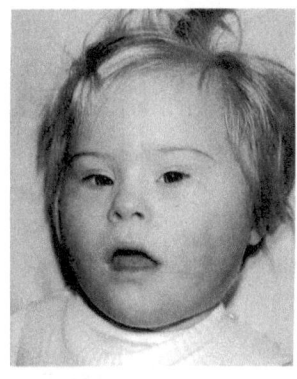

„Kleinkind mit Trisomie 21 (Down-Syndrom) Lateral ansteigende Lidachsen, Epikanthus, Hypertelorismus, eingesunkene Nasenwurzel, Makroglossie" (VON HARNACK/KOLETZKO, 1997, 29)

Welche Assoziationen werden sie mit dieser Darstellung eines Menschen verbinden?
Am naheliegendsten ist sicher Mitleid, denn das abgebildete Kind sieht krank und leidend aus. Obwohl in der textlichen Beschreibung des Down-Syndroms auf solche ‚effektheischenden' Mittel verzichtet wird, liegt zunächst der Gedanke nahe, dass Menschen mit diesem Syndrom leiden.
Welche Folgen dies nun für den Umgang zwischen Menschen mit und ohne Behinderung im Bereich der Pädagogik hat und wie dieser verändert werden kann, soll in Kapitel 5 thematisiert werden.

4. Die Problematik der Rechtssprechung

In der Darstellung des gesellschaftspolitischen Aspekts nimmt die Rechtssprechung eine bedeutende Rolle ein. Wie bereits erwähnt wurde, nimmt zumindest die rechtliche Grundlage einen hohen Stellenwert in einer pluralistischen Gesellschaft wie unserer ein. Die Rechtslage bildet somit eine minimale Basis des Konsens, der ansonsten nicht zu finden ist. Gleichzeitig ist sie aber auch von jeder gesellschaftlichen Tendenz mit beeinflusst.

In Bezug auf die pränatale Diagnostik ist festzustellen, dass die „Institutionalisierung von humangenetischer Beratung und Pränataldiagnostik [...] rechtlich neue Fragen" (DEGENER, 1992, 186) aufgeworfen hat, die es nun zu klären gilt. Bereits seit den achtziger Jahren müssen sich nun also bundesdeutsche Gerichte mit Fällen beschäftigen, in denen beispielsweise ein Arzt verklagt wird, weil er nicht oder nur unzureichend pränatal aufgeklärt hat und nun für die Behinderung des geborenen Kindes ‚verantwortlich' gemacht wird. Wie bereits erwähnt wurde, ist der Arzt in diesem Fall dazu verpflichtet, die Unterhaltskosten für das Kind ganz oder teilweise zu übernehmen. (vgl. DEDERICH, 2000, 270) Die Geburt eines behinderten Kindes stellt also einen ‚zivilrechtlichen Schaden' dar, der in finanzieller Form nun von dem Arzt abgegolten werden soll.

In Amerika wird für solche Fälle der Begriff der ‚wrongful-life-Rechtssprechung' verwendet. Darunter werden alle Fälle zusammengefasst, bei denen entweder die Eltern den Arzt verklagen oder aber auch der/die Betroffene selbst klagen. Der Arzt muss also im Voraus **eindringlich** auf pränatale Untersuchungsmöglichkeiten hinweisen und die Entscheidung für oder gegen eine Abtreibung thematisieren, um im Nachhinein nicht haftbar gemacht zu werden, da er diese ‚Pflicht' nicht oder unzureichend erfüllt hat.

Die Problematik aus der Sicht der Frauen ist offensichtlich. Da Ärzte sich mittlerweile gegen diese Klagen absichern müssen, ist das ‚Recht auf Nichtwissen' praktisch kaum zu erfüllen, es sei denn die Frau unterschreibt eine Erklärung, dass sie auf alle pränatalen Untersuchungen trotz Unterweisung des Arztes verzichtet. Aber liegt in diesem Schritt nicht bereits automatisch der Vorwurf, sich dem Fortschritt der Medizin bewusst zu entziehen?

Eine weitere juristische Frage ist bezüglich des Schadensersatzes zu klären. Bei einem Urteil, in dem ebenfalls ein Arzt zur Unterhaltszahlung eines Kindes mit Down-Syndrom verpflichtet wurde, da er die pränatale Diagnostik nicht für notwendig gehalten hatte, wurde der „behinderungsbedingte Mehraufwand als Schadensersatz gewährt". (DEGENER, 1992, 189) Damit musste der Arzt nicht nur den sogenannten Regelunterhalt bezahlen, sondern auch alle zusätzlichen, durch die Behinderung entstehenden Kosten. In dieser unterschiedlichen Schadensberechnung zeigt sich der „eugenische Gehalt" der „wrongful-life-Rechtssprechung" (vgl. DEGENER, 1992, 188), da nun eindeutig das „konkrete Dasein des Kindes" bereits als Schaden bezeichnet wird und nicht die Behinderung an sich. (vgl. DEDERICH, 2000, 271) Würde man nur den behinderungsbedingten Mehraufwand als Schadensersatz ansehen, so ginge man von der Tatsache aus, dass die Eltern im Falle eines nicht-behinderten Kindes für den Regelunterhalt aufgekommen wären. Daraus lässt sich schlussfolgern, dass dieses Kind besser **nicht** zur Welt gekommen wäre als behindert.

Degener unterstellt deshalb, dass „das der richterlichen Vorstellung zugrunde liegende Weltbild [...] eben ein eugenisches Weltbild" sei. (DEGENER, 1992, 189)

Hinzu kommt nun noch der Fall, dass nicht die Eltern Klage gegen einen Arzt erhoben, sondern das Kind, vertreten durch die Eltern, selbst. Es sollte die Frage geklärt werden, „ob es ein Recht auf Nichtexistenz wegen Behinderung und einen daraus resultierenden Schadensersatzanspruch gibt." (DEGENER, 1992, 189) Diese Klage wurde zwar abgelehnt mit der Begründung, dass „der Mensch [...] grundsätzlich sein Leben so hinzunehmen [hat], wie es von der Natur gestaltet ist [...]" (BGH zit. in DEGENER, 1992, 190), doch gibt es nach Degeners Einschätzung schon jetzt Gegenpositionen innerhalb der Rechtsliteratur. (vgl. DEGENER, 1992, 190)

Während in Amerika bereits Gerichtsurteile existieren, in denen Menschen mit Behinderung, nachträglich sozusagen, die Ärzte dafür haftbar machten, weil sie dieses behinderte Leben ‚zugelassen' und nicht verhindert haben, ist dies bislang noch mit der deutschen Rechtssprechung nicht vereinbar. Doch die Entwicklung der letzten Jahre und die Tatsache, dass zumindest Eltern den Arzt auf Schadensersatz verklagen können, zeigen, dass auch hier eine Tendenz dazu besteht, ein ‚Recht auf Nichtbehinderung' anzuerkennen. Bereits in der Darstellung des herrschenden Gesundheitsideals war zu erkennen, dass der Anspruch besteht, ‚gesund, fit und schön zu sein'. Dass werdende Eltern sich ein gesundes Kind wünschen ist sicher nachvollziehbar und natürlich. Doch eine Garantie dafür zu verlangen, ist hingegen eigentlich nicht zulässig. Sowohl die Pränataldiagnostik wie auch die genannten Gerichtsurteile vermitteln jedoch das Gefühl, dass es die Möglichkeit gibt, Einfluss in ‚den Lauf der Natur' zu nehmen bzw. einen Menschen in gewisser Weise dafür verantwortlich zu machen, wenn der Wunsch nicht in Erfüllung ging. Was daraus entsteht, ist – in Verbindung mit dem vorliegenden Gesundheitsideal – das Bild des perfekten Menschen, der wiederum durch Menschenhand geschaffen oder zumindest geformt wurde.

5. Kosten-Nutzen-Analyse

Als ein weiteres Kennzeichen unserer Zeit könnte man die stets leeren Staatskassen hervorheben, die gerade im Gesundheitswesen zu ständigen Kürzungen und Einsparungsmaßnahmen führen. Die Pränataldiagnostik ist deshalb ein wichtiges Instrument, um Kosten zu vermeiden. Berechnet man nämlich die Kosten der pränatalen Untersuchungen gegen den finanziellen Aufwand, den ein Kind mit Behinderung verursacht auf, so kommt man schnell zu dem Ergebnis, dass es sich auf jeden Fall lohnt, diese Kosten und somit auch das behinderte Kind zu vermeiden. Bereits 1979, als die pränatale Diagnostik sicher noch nicht in dem Umfang zur Schwangerschaftsbegleitung gehörte, wie es heutzutage der Fall ist, veröffentlichte Prof. Passarge eine Studie, aus der hervorging,

> dass „die Kosten dieser Untersuchung nur etwa ein Viertel der erforderlichen Aufwendungen zur Pflege der Kinder mit Trisomie 21 betragen. [...]
> Dies würde bei einer Kosten-Nutzen-Relation von 0,25 jährlich eine Einsparung von rund 48 Mio. DM bedeuten." (PASSARGE/ RÜDIGER, zit. in ZIMMERMANN, 1992, 151)

Der wirtschaftliche Aspekt nimmt also immer größere Ausmaße an, d.h. selbst der Wert eines Menschenleben wird nun berechnet und aufgewogen. Grund dafür ist auch, dass diese Kosten nicht einzelne, betroffene Personen tragen, sondern umgelegt werden auf die Solidargemeinschaft. Um also nicht die gesamte Bevölkerung mit den Kosten eines behinderten Kindes zu ‚belasten', gibt es zwei Möglichkeiten: entweder die Kosten tragen nur noch die betroffenen Personen bzw. ihre Angehörigen selbst, was in der Praxis bedeuten würde, dass keine gesetzliche und wahrscheinlich auch keine private Krankenversicherung mehr für die Kosten aufkommen würde und zudem alle sozialen Einrichtungen wie Kindergärten, Schulen, Heime etc. privat bezahlt werden müssten, oder aber, und das steckt eigentlich in dieser ‚Kosten-Nutzen-Relation', man verhindert bereits im Voraus behindertes Leben.

Schon die erste Möglichkeit beinhaltet eine Diskriminierung von Menschen mit Behinderung par excellence. Gerade Vertreter des Utilitarismus, bei dem das Gemeinwohl im Vordergrund steht, wie beispielsweise Singer und Kuhse, bestätigen, dass es rechtmäßig sei,

> „wenn eine Gemeinschaft beschließt, die vorhandenen Mittel für Aufgaben einzusetzen, die dringlicher sind als die Betreuung und Pflege behinderter Neugeborener, deren Eltern nicht bereit sind, für sie zu sorgen." (SINGER/KUHSE zit. in ANTOR/BLEIDICK, 1995, 67)

Die zweite Möglichkeit jedoch ist in ihrer Brisanz noch eklatanter, denn sie beinhaltet eine vom Staat bzw. von der Gesellschaft geforderte Tötung aller Kinder mit Behinderung. Bereits in Kapitel 3 wurde dargelegt, wie umstritten der Personenbegriff nach Singer u.a. ist, der maßgeblich für das Lebensrecht eines Menschen ist. Somit ist die Kosten-Nutzen-Relation nicht in der einfachen Weise aufzustellen, wie es vielfach geschehen ist. Kriterien für das Recht auf Leben und genaue Angaben über Zeitpunkt und Dauer, in denen diese Kriterien ‚sichtbar' sind, müssten aufgestellt und verbindlich festgelegt werden. Wie aus Singers Beiträgen hervorgeht, ist dies nach seinen Ansichten lediglich eine Formsache. Würde sein *Praktische Ethik* Rechtsgrundlage, so hätten wir genau diese beschriebene Situation.

6. Die Anforderungen an die Eltern

Nach Beck-Gernsheim hat sich die Gesellschaft und darin vor allem die Rolle der Eltern stark gewandelt. Gerade in dem zurückliegenden Jahrhundert sind die Aufgaben der Eltern und vor allem die daran angeknüpften Anforderungen gewachsen. Sowohl in der Philosophie wie auch in der Pädagogik wurde das Kind und seine Entwicklung mehr und mehr ins Zentrum des Interesses gestellt. Die Erziehung wurde nun maßgeblich dafür verantwortlich gemacht, was aus einem Kind wird, wie es sich entwickelt.
„Je mehr diese Maxime den Charakter eines kulturellen Leitbildes gewinnt, desto mehr wachsen die pädagogischen Aufgaben an." (BECK-GERNSHEIM, 1998, 112)
Die Pflichten der Eltern setzen sich nun zusammen aus den bisherigen Aufgaben wie Versorgung und Pflege und den ‚neuen' Aufgaben wie Wissen und Bildung, kurz: das Kind soll zu einem „selbständig denkenden und entscheidungsfähigen Wesen" erzogen werden. (vgl. BECK-GERNSHEIM, 1998, 112) Gleichzeitig wurden Förderprogramme und Therapien entwickelt, mit denen man beispielsweise das Stottern oder Bettnässen behandeln kann. Aus dem Kind soll das Beste herausgeholt werden, während man zugleich alle Unzulänglichkeiten beseitigt. Der Auftrag an die Eltern lautet: „Optimale Startchancen für das Kind!" (BECK-GERNSHEIM, 1998, 111) Um dieser Pflicht und vor allem auch Verantwortung gerecht zu werden, liegt es an den Eltern, alle gebotenen Möglichkeiten wahrzunehmen und alles zu tun, um das Optimum erreichbar zu machen. Die Kehrseite dieser Verantwortung ist offensichtlich. Wer sich den gegebenen Möglichkeiten entzieht, trägt somit die Schuld.

In Bezug auf die Geburt eines Kindes mit Behinderung bezieht sich die Verantwortung nicht nur auf das Kind an sich, sondern gleichzeitig auf die bereits geborenen Kinder, den Ehemann, die Großeltern und im weiten Sinne auch die Gesellschaft. Die engere Verwandtschaft spielt eine große Rolle, da sie ebenso wie die Eltern selbst große Erwartungen an ein Kind stellen und ebenso das Beste erreichen wollen. Die Gesellschaft wiederum stellt die Solidargemeinschaft dar, die scheinbar nicht für ‚behinderungsbedingte Mehrkosten' aufkommen möchte.

Beck-Gernsheim stellt daher einige Fragen an die Gesellschaft, die es in einem größeren Rahmen zu klären gilt:

> „Wie wird sich die Gesellschaft verändern, wenn der Umgang mit Gesundheit, Krankheit, Behinderung immer mehr technisch durchorganisiert wird?
> Was wird aus dem Gebot der Solidarität, wenn die „Vermeidung" von Schwächen, Abweichungen, Anomalien zur **obersten Handlungsmaxime** gerät?
> Ist die möglichst **defektfreie** Gesellschaft am Ende gar eine **solidaritätsferne** Gesellschaft?" (BECK-GERNSHEIM, 1998, 129)

Was hier angesprochen wird, sind die verschiedenen Ansatzpunkte einer weitgehenden Diskussion, die zum Ziel haben sollte, die verschiedenen Interessengruppen zu berücksichtigen und negativen Tendenzen entgegenzuwirken.

Beck-Gernsheim zitiert an dieser Stelle van den Daele, der betont, dass die menschliche Natur dem technischen Handeln bisher Grenzen gesetzt hat, die nun überschritten sind. „Sie [die menschliche Natur] wird unter dem Einfluß von Wissenschaft und Technik kontingent, d.h. sie kann auch anders sein, als sie gegenwärtig ist." (BECK-GERNSHEIM, 1998, 130)

Es gehört zur heutigen Zeit, sich kritisch mit dem technischen Fortschritt auseinander zusetzen und abzuwägen, ob er mit dem vereinbar ist, was als ‚moralisch gut' angesehen wird. In jeder technischen Neuheit oder medizinischem Fortschritt stecken gleichzeitig Nebenfolgen, die es zu berücksichtigen gilt, auch wenn sie teilweise nicht vorhersehbar sind. Was bei-

spielsweise in der Gentechnologie ironisch als ‚Restrisiko' bezeichnet wird, muss näher erläutert und hinterfragt werden, um jedem möglichen Missbrauch oder denkbaren Grenzüberschreitung vorzubeugen bzw. aufzuhalten. (NEUBECK-FISCHER, 1991, 62)
Dies zieht mit sich, dass Diskussionen bezüglich der Moral und Ethik geführt werden, an denen die verschiedenen Interessengruppen zu Wort kommen. Damit ist auch der Bezug zur Diskursethik hergestellt, die eben dieses Anliegen in den Vordergrund stellt, auch wenn dadurch neue Problemkreise entstehen, die bereits erörtert wurden.

Die nun aufgeworfenen Fragen an die Gesellschaft ergeben nun zwangsläufig auch Ansatzpunkte für die Pädagogik. Aus den verschiedenen Aspekten muss die Pädagogik einerseits Hypothesen aufstellen bezüglich der möglichen Verschlechterung des Bildes von Menschen mit Behinderung, andererseits muss sie sich der Frage stellen, was sie dem entgegenzusetzen hat. Damit bezieht sie Position gegen ethische Konflikte, gesellschaftspolitische Tendenzen und medizintechnische Entwicklungen. Man könnte es auch eine interdisziplinär orientierte Position nennen, denn keiner der Aspekte darf vernachlässigt oder gar unberücksichtigt werden. Ziel dabei ist es nicht, den herrschenden Zustand völlig zu überwerfen, sondern die verschiedenen Strömungen zu beobachten und Schlussfolgerungen daraus zu ziehen. Gleichzeitig müssen konkrete Änderungsvorschläge beziehungsweise Gegenströmungen erkennbar sein, die der Gefahr entgegenwirken sollen, weitere Grenzen zu überschreiten. Das Dammbruchargument muss auch aus pädagogischer Sichtweise beleuchtet werden, um Gegenmaßnahmen ergreifen zu können.

All diese Maßnahmen, die an dieser Stelle noch allgemein formuliert sind, sollen im folgenden Kapitel konkretisiert werden.

V. Die Stellung der Pädagogik

In diesem Kapitel werden die verschiedenen Positionen innerhalb der Pädagogik näher zu beleuchten, um im Anschluss daran die genannten Problemkreise in Folgen oder Ziele für die Pädagogik umzuformulieren.
Gerade nach der Veröffentlichung von Singers *Praktischer Ethik* 1984 war die Öffentlichkeit sensibilisiert für die Diskussion um das Lebensrecht von Menschen mit Behinderung. Wie bereits beschrieben entfachte Singer großes Medieninteresse und erlangte gerade auch durch die Protestbewegungen in Deutschland große Popularität.
Was nun fast zwanzig Jahre später der Behindertenpädagogik vorgeworfen wird, ist, dass sie eben diesen Nährboden für eine interdisziplinäre, konstruktive Diskussion nicht wahrgenommen und erst viel später darauf reagiert habe. Fornefeld klagt an, dass sich die Pädagogen zu sehr auf erziehungsrelevante Problemfelder konzentriert haben, statt, über den Tellerrand hinauszublicken' und sich Gedanken über die Außenwirkung ihrer Praktiken zu machen. Das Hinterfragen des pädagogischen Denkens und Handelns und vor allem auch die Auseinandersetzung mit normativen Veränderungsprozessen hätte schon viel früher stattfinden müssen. Es stellt sich die Frage, ob die ethische Relevanz übersehen wurde. (vgl. FORNEFELD, 1998, 82) Diese Vorwürfe wurden von manchen Behindertenpädagogen bestätigt, wobei die Bereitschaft für einen interdisziplinären Diskurs nicht abgestritten wird. Dederich beispielsweise plädiert dafür, gemeinsam mit Medizinern, Juristen, Soziologen, Pädagogen und natürlich Philosophen die fachlichen Grenzen zu überschreiten, um verschiedene Aspekte einfließen zu lassen. (vgl. DEDERICH, 2000, 23)
Die in diesem Kapitel zusammengestellten Positionen innerhalb der Pädagogik bieten gleichzeitig eine umfassende Stellungnahme zu allen bisher beschriebenen Gesichtspunkten, wobei die Kritik an einzelnen Sachverhalten bereits in den vorangegangenen Kapiteln eingeflossen ist. An dieser

Stelle liegt der Schwerpunkt auf der pädagogisch orientierten Auseinandersetzung mit den Folgen der dargestellten Aspekte.
Zudem werden Hypothesen bezüglich der Zukunft der Behindertenpädagogik aufgestellt, die aus der Sicht mancher Pädagogen ‚in Gefahr' ist. Die Verschlechterung des Bildes von Menschen mit Behinderung lässt sich beispielsweise auf die zunehmende Verbreitung der Pränataldiagnostik, auf die Bioethik-Konvention und ihr zugrundeliegendes Menschenbild oder das herrschende Gesundheitsideal zurückführen. Aufgrund dieser und weiterer Einflussfaktoren wiederum wird befürchtet, dass die Pädagogik für Menschen mit Behinderung in Frage gestellt wird. Ist eine ‚Sonder'-Pädagogik für diese Menschen notwendig? Sind sie überhaupt ‚bildungsfähig'?
Diese und weitere grundlegende Fragen werden im Folgenden von verschiedenen Pädagogen aufgegriffen und aus unterschiedlichen Blickwinkeln beleuchtet.

Zum jetzigen Zeitpunkt ist nur zu vermuten, wie sich das Bild von Menschen mit Behinderung unter dem Einfluss fortschreitender medizinischer Entwicklung verändern wird und ob ethische Positionen wie die des Präferenz-Utilitarismus stärker an Einfluss gewinnen werden. Aber es gehört, wie Speck betont hat, zur Verantwortung der Pädagogik, „kritische Zeichen hellwach wahrzunehmen, sie nicht zu verdrängen, sich ihnen also zu stellen, um eine kritische Entwicklung zu verhüten." (SPECK, 1998, 34)

Bereits aus dem gesellschaftspolitischen Aspekt ging hervor, welchen Einfluss die Gesellschaft mit ihren spezifischen Kennzeichen auf aktuelle Fragen haben kann. Auch die Pädagogik bleibt von gesellschaftlichen Tendenzen und Entwicklungen nicht unberührt. Speck geht vor allem von zwei Veränderungen aus, die er als grundlegend bezeichnet:

> „Die Dominanz ökonomischer Kriterien und
> das Wirksamwerden einer Vielfalt von Menschenbildern." (SPECK, 1998, 35)

Wie am Beispiel der Veränderungen am Arbeitsmarkt deutlich wird, besteht die Tendenz zur ‚Entschlackung'. Schlagwörter wie ‚schlanke Produktion' oder ‚Flexibilität' deuten an, dass der Arbeitsmarkt mit weniger Mitteln effizienter wirtschaften möchte. Der Preis für diese Veränderungen sind vor allem der Abbau von Arbeitsplätzen. Die soziale Komponente spielt dabei keine Rolle, es geht lediglich um die Reduktion von vermeidbaren Belastungen. Dieses Beispiel zeigt, dass die wirtschaftlichen Faktoren zunehmend an Bedeutung gewinnen, während der soziale Bereich mit der Begründung verworfen wird, nicht bezahlbar zu sein. Kosten und Nutzen werden gegeneinander aufgerechnet, wie es bereits nach Singer in Bezug auf Menschen mit Behinderung getan wurde. Auch sie sind zu teuer und zu wenig effizient für eine Gesellschaft, die auf Sparkurs ist.

Auch die Behindertenpädagogik muss sich mit dieser Tendenz auseinander setzen, da der Abbau von sozialen Leistungen auch im Bereich der Versorgung und Förderung von Menschen mit Behinderung spürbar ist. Während humangenetische Beratungsstellen vielerorts ‚aus dem Boden gestampft werden', müssen soziale Einrichtungen, Schulen und Heime mit den finanziellen Kürzungen zurecht kommen.

Was Speck also mit „Dominanz ökonomischer Kriterien" angeschnitten hat, hat Einfluss auf die verschiedensten Bereiche des Lebens und betrifft daher die gesamte Gesellschaft und nicht eine Minderheit.

Die zweite von ihm genannte Veränderung bezieht sich auf die bereits ausführlich dargestellte „Vielfalt von Menschenbildern". Eine pluralistische Gesellschaft wie unsere muss sich auch in der Pädagogik damit befassen, auf kein einheitliches und grundlegendes Menschenbild zurückgreifen zu können. Speck führt daraufhin ein Beispiel an, in dem ein Kultusministerium der Bundesrepublik darauf verwiesen hat, dass „die Schwerstbehinderten mit ihrem erhöhten Pflegebedarf schulisch nicht integrierbar seien." (SPECK, 1998, 38f) Eindeutig wird darauf hingewiesen, dass die Interessen aller jungen Menschen berücksichtigt werden müssen und somit der individuelle Anspruch einzelner nicht garantiert werden kann. In Bezug auf die immer knapper werdenden Ressourcen wird damit argumentiert, dass die Schulfähigkeit von Seiten der Schule nicht hergestellt und erhalten werden müsse. Um es mit anderen Worten zu sagen: das Bildungsrecht von Menschen mit erhöhtem Pflege- und Förderbedarf wird in Frage gestellt, da dies schlichtweg zu teuer ist. Speck stellt nun zur Diskussion, ob Bildung als Grundrecht die Lösung des Problems sei.

1. Bildung als Grundrecht

Grundrechte sind in der Bundesrepublik in der Verfassung verankert und bilden die Basis unseres Rechtsstaates. Doch die Realisierung der Grundrechte ist nicht immer gewährleistet. So weist Speck darauf hin, dass die soziale Zugehörigkeit zu einer Gemeinschaft nicht durch einen Rechtsanspruch erzwungen werden kann. Nach dem Kommunitarismus erfolgt dies nur auf Zustimmung der Mitglieder einer Gemeinschaft, die darin einen Wert sehen. In unserer Gesellschaft ist jedoch beispielsweise das Schulsystem auf einem Zwang aufgebaut, d.h. alle Menschen werden in diese Gemeinschaft aufgenommen, ohne dass deren soziale Zugehörigkeit garantiert ist. In diesem „Zwangssystem" liegt nach Speck auch die Schwäche der staatlichen Schule. (vgl. SPECK, 1998, 41)

Grundrechte sind somit nicht als Garantie für die Realisierung zu sehen, sondern richten sich vielmehr als Auftrag an alle. Da sich eine diskriminierte Minderheit nicht selbst Achtung und Würde verschaffen kann, liegt es an der Gesamtheit diese Grundrechte zu sichern und ihre Realisierung umzusetzen. Um die Wichtigkeit des Bildungsbegriffes als Grundrecht herauszustellen, muss zunächst der Bildungsbegriff an sich verändert oder zumindest überdacht werden. Ohne in eine tiefergehende Diskussion zu dieser weiten Thematik einsteigen zu wollen, soll die Problematik bezüglich des Begriffes Bildung an dieser Stelle kurz umrissen werden.

Nach Dreher ist es von Notwendigkeit, die Defizitorientierung zu überwinden, wobei er gleichzeitig anmerkt, dass dies an die „Wurzeln unseres Denkens, unserer Gestaltung von Bildung und unserer Weltkonstruktion" geht. (vgl. DREHER, 1998, 58) Um dies zu verdeutlichen dringt Dreher tief in den Konstruktivismus ein und verfolgt die Argumentationsstränge von Maturana und Varela. Nach ihnen gibt es keine „objektive Wirklichkeit". Daraus ergibt sich, dass Lebewesen „autonome Einheiten sind, die sich andauernd selbst erzeugen, sie sind eine autopoietische Organisation." Maturana und Varela stellen zudem fest, dass das ICH nur durch soziale Interaktion mit anderen entstehen kann. „Bewußtsein und Geist gehören dem Bereich sozialer Koppelung an, und dort kommt ihre Dynamik zum Tragen." (vgl. MATURANA/VARELA zit. in DREHER, 1998, 63)

Aus diesen Thesen lässt sich schließen, dass vieles von dem, was wir als natürlich oder begründbar erachten, nach dem Konstruktivismus reine Zuschreibung ist, d.h. ein Konstrukt von Menschenhand. Auch das, was wir als ‚geistige Behinderung' bezeichnen, ist kein auf Objektivität begründeter, durch Umstände wie beispielsweise Geburt oder genetische Veränderung verursachter Zustand, sondern ein „soziales Phänomen", ein „etwas in Kontext des sozialen Lebens der Menschen Gewordenes". (MATURANA/ VARELA zit. in DREHER, 1998, 63)

Was ergibt sich nun aus dieser konstruktivistischen Sicht für die Behindertenpädagogik?

Wagner, der in direktem Bezug zu Maturana und Varela zu sehen ist, geht ebenfalls davon aus, dass das Attribut ‚behindert' lediglich auf einen Zuschreibungsprozess von außen zurückzuführen ist. Da die Wirklichkeit des Individuums als „subjektive Konstruktion" zu denken ist, ergibt sich für die Pädagogik, dass sie „Resonanzräume" schaffen muss, „auf die [sich] der behinderte Mensch [...] einlassen kann." (vgl. WAGNER zit. in DREHER, 1998, 63)

Es liegt also in der Hand der Pädagogen, sich auf das Individuum einzulassen und ihm wiederum die Möglichkeit und die notwendigen Bedingungen zu schaffen, sich in diesem Resonanzraum entfalten zu können. Wie bereits Speck festgehalten hat, geht es verstärkt um „freie Persönlichkeitsentwicklung" (SPECK, 1998, 43). In einer Zeit, in der zunehmend Möglichkeiten entdeckt werden, auch Menschen mit sogenannter schwerer Behinderung, Autismus oder Down-Syndrom Kommunikationshilfen bereit zu stellen, wie beispielsweise die Gestützte Kommunikation, ist es nach Dreher zu einer Verpflichtung geworden,

> „den sogenannten geistigbehinderten Menschen wirklich in seiner **Subjektivität** zu sehen, mit den Möglichkeiten eines kulturschöpferischen Beitrages und mit den Möglichkeiten für ganz unerwartete Expressionsmöglichkeiten." (DREHER, 1998, 69)

Darin zeigt sich, dass Autoren, die selbst in Kontakt mit den Menschen standen, über die sie schreiben, eine völlig andere Sichtweise vertreten als Autoren, die nicht auf diesen Erfahrungshintergrund zurückgreifen können. Es ist zu vermuten, dass auch Singer nicht in derart intensiven Kontakt und Beziehung zu Menschen mit (schwerer) geistiger Behinderung stand und daher zu Aussagen kommt, die die Kommunikationsfähigkeit dieser Menschen verleugnen.

2. ‚Sonder'-Pädagogik

Nach Dreher ist es nun an der Zeit, diese geforderten Veränderungen in der Pädagogik in Beziehung zur Politik zu setzen, von der sie wesentlich beeinflusst und ebenso abhängig ist. Ausgehend von der globalen Situation kündigt sich bereits ein Umdenken an, doch ist Deutschland im Vergleich zu anderen Ländern noch stark im defizitorientierten Denken verhaftet. Die Bezeichnungen ‚Heil'- oder ‚Sonder'-Pädagogik machen deutlich, dass die Integration nicht in dem Maße Einzug gehalten haben wie in anderen Ländern. Noch immer ist der ganzheitliche, an individuellen Fähigkeiten orientierte Ansatz für Deutschland ‚Zukunftsmusik' und muss sich auch in der Begrifflichkeit dem internationalen Trend noch anpassen. Nach einer von der UNESCO durchgeführten Konferenz 1994 hat man sich auf die Bezeichnung „Pädagogik für besondere Bedürfnisse" als Übersetzung von „special needs education" festgelegt. (vgl. FLIEGER zit. in DREHER, 1998, 71)

Jedoch ist nach Dreher nicht nur der internationale Vergleich ein Impuls für Veränderungen, sondern bereits der Austausch auf europäischer, nationaler oder auch Landesebene. Fest steht jedoch, dass Veränderungen im qualitativen Bereich nur zustande kommen können, wenn man die Systeme und Ansätze anderer wahrnimmt und mit den eigenen vergleicht, um daraus Schlussfolgerungen ziehen zu können.

Ebenso wie der medizinische und technische Fortschritt hat auch das utilitaristische Denken in unserer Gesellschaft einen festen Platz. Das Kriterium der Leistungsfähigkeit, das enorm wichtig geworden ist, um ‚effizient' sein zu können, hat dazu geführt, dass Menschen, die diesem Kriterium nicht entsprechen, weiterhin ausgegrenzt werden. Fornefeld spricht in diesem Zusammenhang davon, dass die fortwährend betonte ‚Besonderheit' schwerstbehinderter Menschen auch in der Heilpädagogik ihren Beitrag zur Ausgrenzungstendenz leistet. Nach einer KMK-Empfehlung von 1994 wurden die ‚Erziehungsfähigen' von den nur ‚Förderfähigen' unterteilt, was dazu führte, dass man schwerstbehinderte Schüler, die eben als ‚nur förderfähig' eingestuft wurden, wieder ausgeschult hat, was beschönigend als „Reintegration in die Familie" bezeichnet wurde. (vgl. FORNEFELD, 1998, 78f)
Wieder steht die Leistungsfähigkeit im Vordergrund und ist die Voraussetzung für das Recht auf Bildung, das man den schwerstbehinderten Schülern vorenthält. Das allein ist bereits ein dringender Grund, diese gesellschaftliche Negativentwicklung aufzuhalten. Nicht zu vergessen jedoch ist die enge Verbindung von Bildungs- und Lebensrecht, die dazu führen kann, dass Menschen mit Behinderung zunächst das Recht auf Bildung, dann das Recht auf Leben verweigert wird.

Woher kommt es, dass das ‚Besondere' von Menschen mit Behinderung stets betont wird?
Nach Fornefeld liegt die Ursache hierfür in dem „Befremden, das uns in der Begegnung mit ihnen trifft und uns, wenn auch meist unbewußt, tief bewegt." (FORNEFELD, 1998, 85)

Was uns vor allem fremd erscheint, ist alles, was nicht zu unserer gewohnten, vertrauten Umgebung gehört und sich beispielsweise ungewohnt verhält. Dies bezieht sich sowohl auf kulturelle Unterschiede, die uns in unserer multikulturellen Gesellschaft häufig begegnen, als auch auf Menschen mit Behinderung, die in ihren Ausdrucksmöglichkeiten und -formen, in ihren Verhaltensweisen oder auch in ihrem Aussehen von der Norm abweichen. Zudem erfüllen sie, wie bereits mehrfach erwähnt, nicht die leistungsbezogenen Erwartungen.

> „Nicht-Können wirkt sich besonders gravierend in unserer Gesellschaft aus, weil sie den Wert eines Menschen an seinem Nutzen für die Gemeinschaft, an seiner Leistung festmacht. Behinderung ist also mit einem Unterschreiten von Erwartungen, mit einem Nichterfüllen-Können festgelegter Normen verbunden. Behinderte Menschen sprengen damit den Rahmen vertrauter Werte und Regeln familiärer, institutioneller wie gesellschaftlicher Art." (FORNEFELD, 1998, 85f)

Aus dieser Beschreibung tritt deutlich hervor, dass Behinderung eine Zuschreibung der Gesellschaft ist, die von den herrschenden Werten und Normen entscheidend geprägt ist.

Wie bereits in Kapitel 4 ausgeführt wurde, sind der medizinische Fortschritt, aus dem heraus unser Gesundheitsideal entstanden ist, wesentlich daran beteiligt, wie sich diese Zuschreibung ‚behindert' verändert.

Es stellt sich die Frage, ob beispielsweise die Erkenntnisse in der Psychologie und Medizin in Bezug auf Verhaltensauffälligkeiten wie die Hyperaktivität oder Lernschwierigkeiten wie die Lese-Rechtschreib-Schwäche nicht dazu geführt haben, in Kategorien zu denken. Die Möglichkeit mit diesen Zuschreibungen, Gründe für diese ‚Defizite' zu haben, scheint vielen Pädagogen für die Praxis enorm wichtig zu sein. Während sich durch die Diagnose möglicherweise Therapieformen eröffnen, die es dem betroffenen Schüler bzw. der betroffenen Schülerin vereinfachen, mit ihrer ‚Schwäche' umzugehen, besteht gleichzeitig die Gefahr, den Menschen nicht in seiner Ganzheit zu erfassen, sondern lediglich in Bezug auf diese Auffälligkeit. Das Spektrum Behinderung hat unendlich viele Facetten und sollte nicht dazu verwendet werden, Menschen in Kategorien einzuteilen, ihnen ‚einen Stempel aufzudrücken'. Das Wesentliche im menschlichen Leben sind nach Fornefeld „die Widersprüche, die Unvereinbarkeiten, die Polaritäten und Zwischenräume" (FORNEFELD, 1998, 92) Was also zwischen den einzelnen Menschen besteht, sind ‚Zwischenräume', ohne die sie einerseits nicht auskommen, da das *ICH* und das *DU* sonst zu einem verschmelzen würden und nicht jeweils als etwas Eigenständiges existieren könnten, die aber andererseits auch eine Barriere darstellen können. Diese Zwischenräume gilt es nun nicht als unüberwindbares Hindernis zu sehen, sondern, wie Fornefeld beschreibt, als Brücken. Diese Brücken stehen für die Integration der „Anderen", ohne die unser Leben ärmer wäre. (vgl. FORNEFELD, 1998, 93)

3. Der Begriff der Integration

Der Begriff der Integration taucht in diesem Zusammenhang nicht aus dem Nichts auf, sondern ergibt sich automatisch aus dem bisher Dargelegten. Wenn das Ziel der Pädagogik das Bauen von Brücken ist, um die Kluft zu dem zu schließen, was uns fremd und anders erscheint, so liegt es nahe, diesen Prozess integrativ zu gestalten.
Was aber ist nun genau mit diesem Begriff gemeint?
Speck benutzt die Formulierung „soziale Teilhabe" und meint damit sowohl die zwischenmenschliche Ebene, auf der alle Menschen im kleineren Kreis wie z.B. der Familie oder dem Freundeskreis Teil dieser großen Gemeinschaft sein sollen, als auch die gesellschaftliche Ebene, auf der die soziale Teilhabe in Bezug auf Bildung, Arbeit und Wohnen vollzogen werden soll. Zu betonen ist, dass keine der beiden Ebenen für sich stehen darf, sondern vielmehr in Verbindung gebracht werden müssen. Obwohl sich die Beziehungen auf diesen beiden Ebenen qualitativ unterscheiden, geht es nicht darum sie lediglich formal zu erfüllen. Im Vordergrund steht die „Qualität von Menschlichkeit". (SPECK, 1995, 94)

Speck betrachtet hier den Begriff der ‚Integration' von seiner gesellschaftlichen Seite und legitimiert ihn auf der Basis ethischer und anthropologischer Sichtweisen. Um im Folgenden vor allem auf die schulische Integration einzugehen, möchte ich an dieser Stelle Specks Ausführungen zur ‚sozialen Zugehörigkeit' zugrunde legen, da sie vieles von dem enthalten, was bereits in Kapitel 3 zum ethischen Aspekt angerissen wurde. Um die Folgen für die Pädagogik, die sich aus der Ethik ergeben, nachvollziehen zu können, erscheint es mir wichtig auch in diesem Kapitel die ethische Betrachtungsweise des Begriffes ‚Integration' ausführlich zu erläutern.

Zunächst geht Speck von der Basis aus, dass der Mensch „bis in die Wurzeln seiner Natur hinein, also zutiefst (radikal), gemeinschaftsbezogen" ist. (SPECK, 1995, 95) Wie bereits bei Fornefeld angedeutet, ist die Existenz menschlichen Lebens wesentlich von der Existenz anderer menschlicher Lebewesen abhängig. Das *ICH* kann nur durch das *DU* existieren. Speck spricht an dieser Stelle von einer „Ordnung des Zusammenlebens, durch die der Sinn menschlicher Existenz als **Ko-Existenz aller** verwirklicht werden kann, wenn auch nicht in gleicher Weise für alle." (SPECK, 1995, 96) Das Zusammenleben aller muss gewährleistet sein, um den Sinn menschlicher Existenz auch verwirklichen zu können. Dies verlangt aber auch eine Ethik, in der die soziale Zugehörigkeit auf alle Menschen bezogen ist, seien sie behindert oder nicht. Dafür braucht es einen absoluten Wert, der nach Speck in der **„Person- oder Menschenwürde"** zu finden ist. (SPECK, 1995, 99)

In Berufung auf Kant legt Speck dar, dass aus der Achtung der Würde das Prinzip der unbedingten Zugehörigkeit folgt, da die Grundvoraussetzung dieser moralischen Werte die **Autonomie** ist. Die Autonomie ist zu verstehen als Prinzip der „Selbstverpflichtung zum Guten auf der Basis von Freiheit und Verantwortlichkeit." Gleichzeitig bindet der Mensch sein eigenes Handeln an moralische Werte und an das, „was mich dem Anderen gegenüber verpflichtet, weil er Mensch ist wie ich und als Mensch zu achten ist." (SPECK, 1995, 101)

Ausgehend also von der Autonomie des Einzelnen schlussfolgert Speck die soziale Zugehörigkeit als höchsten Wert.

In welcher Form zeigt sich nun dieser höchste Wert und wie ist diese soziale Zugehörigkeit zu realisieren? Zunächst ist zu bemerken, dass der Begriff ‚Wert' als normative Orientierungsgröße zu verstehen ist, unter der man Ideale, Prinzipien, Gefühle und Überzeugungen zusammenfasst. (vgl. SPECK, 1995, 101) Es gibt eine sogenannte Werteethik, in der vor allem das Gefühl im Gegensatz zum Intellekt eine große Rolle spielt. Lévinas beispielsweise vertritt einen werteethischen Ansatz, bei dem nicht die eigene Person, sondern der Andere als Bezugspunkt zu verstehen ist. Die schon angedeutete Begegnung und Verbindung von ICH und DU wird bei Lévinas zu einer „asymmetrischen Beziehung", bei der diese beiden nicht austauschbar sind, sondern der Andere mich in seiner Andersheit herausfordert. In seiner Ethik geht es darum, „sich unmittelbar auf den Anderen zu beziehen, sich ihm zuzuwenden." Gleichzeitig trägt jeder Einzelne die Verantwortung dafür, „das Sein des Anderen zu schützen und zu bewahren" (vgl. DEDERICH, 2000, 164) Lévinas ist in diesem Punkt mit der Verantwortungsethik nach Jonas zu vergleichen, in der das Prinzip ‚Verantwortung', wie in Kapitel 3 dargelegt, eine zentrale Rolle spielt.

Als höchster Wert ist die soziale Zugehörigkeit also in Berufung auf die Autonomie und Verantwortung des Menschen als solcher anzuerkennen. Nun stellt sich die Frage, welchen Beitrag jeder Einzelne zu diesem Grundwert beitragen muss, um seine Realisierung zu gewährleisten. Speck fragt, ob es nötig ist, „daß der Einzelne von sich aus ein solches Prinzip bejaht und sich entsprechend bewußt verpflichtet." (SPECK, 1995, 105) Diese Selbstverpflichtung ist notwendig, da in einer pluralistischen Gesellschaft wie unserer unzählige Werte und Normen nebeneinander existieren. Es widerspräche jedoch dem Prinzip der Autonomie, die soziale Zugehörigkeit ohne die Zustimmung aller Mitglieder durchzusetzen. Wie Speck bereits an anderer Stelle betont hat, stellt sich diese Problematik auch in der staatlichen Schule als ‚Zwangssystem'.

Was die Pädagogik im Speziellen und die Gesellschaft im Allgemeinen zu leisten haben, ist die Realisierung der sozialen Zugehörigkeit, sowohl im zwischenmenschlichen wie auch gesellschaftspolitischen Bereich, in Verbindung mit der Wahrung der Differenz. Speck spricht an dieser Stelle von der „Kunst der Differenzierung", die einerseits keine „einheitliche Lösung" zulässt, aber die Würde jedes Einzelnen zu garantieren hat. Dies setzt voraus, dass eine „Sensibilisierung für die Vereinbarkeit von Differentem" einsetzt, die diesen beiden konträr erscheinenden Seiten gerecht werden kann. (vgl. SPECK, 1995, 115) Sicher ist dies kein kurzfristig zu sehender Prozess, sondern ein auf Langfristigkeit ausgelegter Wandlungsprozess innerhalb einer Gesellschaft, die sich aus den unterschiedlichsten Meinungsbildern zusammensetzt.

Speck führt als letzten Punkt noch die Dimension der Gerechtigkeit an, die ebenfalls als Grundprinzip zu sehen ist, da sie die „gerechte Verteilung der sozialen Güter einer Gesellschaft" garantieren soll. Zu diesen ‚sozialen Gütern' zählt an oberster Stelle die soziale Zugehörigkeit. (vgl. SPECK, 1995, 107f)

Zusammenfassend ist also festzustellen, dass die Gesellschaft auf den Grundprinzipien der Autonomie und Gerechtigkeit basiert. Daraus wiederum lassen sich weitere grundlegende Prinzipien ableiten. Da alle Mitglieder der Gesellschaft demnach in ihrer Autonomie gewahrt werden müssen und sie zudem Anspruch auf die gerechte Verteilung der sozialen Güter haben, lässt sich daraus das Prinzip der gegenseitigen Hilfe ableiten. (vgl. SPECK, 1995, 109) Um nämlich Menschen mit Behinderung in der geforderten Weise an der Gesellschaft teilhaben zu lassen, muss auch deren Autonomie gesichert sein. In diesem Punkt jedoch sind sie auf die Hilfe und Solidarität ihrer Mitmenschen angewiesen, deren Verpflichtung es ist, „das Doppelprinzip des personalen und des gemeinsamen Wohlergehens nach der Maßgabe des Möglichen Wirklichkeit werden zu lassen." (SPECK, 1995, 115) Konkret bedeutet dies, dass es in der Gesellschaft eine Art Vertrag gibt, der jeden einzelnen dazu verpflichtet, anderen dabei zu helfen, aktiv an der Gemeinschaft teilhaben zu können. Es erinnert in gewisser Weise an ‚Nachbarschaftshilfe', die im kleinen Rahmen ebendies realisiert. Zu den Hilfen zählen dabei nicht nur der Bereich des Haushalts und der Versorgung, sondern sicher auch das, was Speck mit einer „menschenwürdigen

Gestaltung" meint. Dabei fällt immer wieder der Begriff „Liebe" oder „care". Die soziale Zugehörigkeit geht demnach weit über bloße, rechtlich abgesicherte Teilhabe hinaus. Was hier gefordert wird, ist der liebevolle Umgang aller Menschen, unabhängig von bestimmten Gruppenzugehörigkeiten von politischer, ethnischer oder sonstiger Art.

Erscheint uns diese Beschreibung einer Gesellschaft nicht unrealistisch, wenn wir an die momentanen Zustände denken?
Der entscheidende Punkt ist die ‚Kunst der Differenzierung', die in unserer pluralistischen Gesellschaft nicht zu gelingen scheint, aber wesentlich an der Umsetzung der geforderten Grundprinzipien beteiligt ist. Betrachtet man beispielsweise die Tendenz des utilitaristischen Denkens, das sich immer mehr verbreitet, so wäre dies einer der ersten Ansatzpunkte, um dem beschriebenen Ideal näher zu kommen, denn als solches sollte man es betrachten. Die Kritik, dass die Umsetzung nicht realistisch sei, muss abgewiesen werden mit dem Verweis darauf, dass die meisten Ideale grundsätzlich zunächst irreal erscheinen, und den Menschen Mut abverlangt wird, um sie zu verwirklichen. Ziel sollte es nicht sein, ein noch unerreichbar erscheinendes Ziel mit allen Mitteln zu erreichen, sondern ein Ideal zu verfolgen, das sich darin zeigt, dass sich eine stetige Wandlung in der Gesellschaft vollzieht. Solche Prozesse setzen sich nur langsam in Bewegung, da zum einen tradierte und lang gehegte Werte und Verhaltensweisen überdacht und verändert werden müssen. Jedoch bleibt die Schwierigkeit bestehen, die vielen existierenden Werte auf einen Grundnenner zu bringen.

In dieser Definition von Integration spielt die Gesellschaft als Ganzes die zentrale Rolle. Die Pädagogik allein kann also nicht die gewünschten Veränderungen herbeiführen. Dies verlangt vielmehr nach politischen bzw. gesellschaftspolitischen Maßnahmen. Doch in Bezug auf die zentrale Fragestellung muss die Rolle der Pädagogik konkretisiert werden. Integration allein als ‚soziale Zugehörigkeit' zu definieren, ist zwar ausreichend, fordert jedoch eine konkretere Beschreibung der Umsetzung im schulischen Bereich.

4. Die schulische Integration

Was im letzten Kapitel in Bezug auf gesellschaftliche Veränderungen beschrieben wurde, erweitert Feuser mit der Aussage, dass gesellschaftliche Veränderungen immer auch „Selbstveränderungen" sind. (vgl. FEUSER, 1992, 57) Damit meint er den Doppelprozess von Selbst- und Mitbestimmung, da dieser kennzeichnend für das menschliche Leben und seine Entwicklung ist. Was sich in Bezug auf gesellschaftliche Strukturen verändert, ist zum einen das Ergebnis selbstbestimmter Mitglieder dieser Gemeinschaft, zum anderen jedoch auch der Ausdruck von Mitbestimmung, der nicht zu verleugnen ist. Die Problematik, in wie weit der Mensch nun selbst Entscheidungen trifft oder durch seine Umwelt beeinflusst wird und somit nicht selbst entscheidet, soll an dieser Stelle nicht bis ins Detail thematisiert werden. Dieses Phänomen begegnet uns jedoch in den unterschiedlichsten Bereichen und ist deshalb nicht zu vernachlässigen. Feuser betont diesen Doppelprozess in Bezug auf die gesellschaftlichen Veränderungen, um deutlich zu machen; dass jeder einzelne sowohl daran beteiligt ist, selbst Entscheidungen zu treffen **und** die Selbstbestimmung seiner Mitmenschen nicht zu verhindern. Er sieht darin eine „Gegenkraft gegen die Qualitätskontrolle von Leben zugunsten gleichen Lebensrechtes und gleicher Lebensqualität für **alle**". (FEUSER, 1992, 58)

Im Gegensatz zu Speck bezieht er jedoch die Integrationsbewegung vor allem auf den schulischen Bereich und konkretisiert diesen an anderer Stelle unter der Berücksichtigung „tätigkeitstheoretischer und entwicklungspsychologischer Erkenntnisse." (FEUSER, 1994, 215)

Nach Feuser gibt es in der Pädagogik ein sogenanntes „Humanitäts- und Demokratiegebot", auf dessen Grundlage die Integration umgesetzt werden kann. Er bezeichnet diese Pädagogik als ‚human', da dies „unter Zurverfügungstellung aller erforderlichen materiellen und personellen Hilfen und ohne sozialen Ausschluß erfolgen kann." Das Gebot der Demokratie erfüllt sie, da „alle Kinder/ SchülerInnen alles lernen dürfen". (FEUSER, 1998, 9)

Um diese beiden Gebote auch erfüllen zu können, muss integrativer Unter-

richt immer am individuellen Entwicklungsniveau ansetzen („Innere Differenzierung") und in Form von Kooperation an einem „Gemeinsamen Gegenstand" arbeiten. (vgl. FEUSER, 1994, 218)
Feuser beschreibt hier die Grundzüge der integrativen Didaktik und zeigt parallel dazu die Schwächen des bestehenden Schulsystems auf. So können die Grundprinzipien der Integration nicht in einem System realisiert werden, das darauf gründet, Menschen nach bestimmten Kriterien vor allem kognitiver und kommunikativer Art in Gruppen einzuteilen, für die es eine ‚gesonderte' Schule gibt. Diese Form der Selektion verhindert, dass die SchülerInnen voneinander lernen und dass Schwächen des Einzelnen kompensiert werden können. Zudem wird Behinderung immer als etwas Fremdes und Besonderes empfunden. Fraglich ist, ob nicht der ‚Stempel: Sonderschule' diese Fremdheit und Aussonderung begünstigt.

Ein weiterer Grund, warum das bestehende Schulsystem ungeeignet für die Integration ist, findet sich in der existierenden Jahrgangsbindung, die das Lernen in altersübergreifenden Gruppen nicht ermöglicht. Auch diese wäre ein Schritt in Richtung Integration, da das Arbeiten am gemeinsamen Gegenstand im Zentrum stehen sollte und nicht das Erreichen des Klassen- oder Jahrgangsziels. Im integrativen Unterricht ist sowohl der individuell gesetzte Ausgangspunkt variabel wie auch das zu erreichende Ziel, das ebenso nicht für eine ganze Klasse oder gar Jahrgangsstufe festgesetzt wird, sondern immer auf den Einzelnen bezogen sein muss. Feuser erweitert damit die Zweidimensionalität der ‚Inneren Differenzierung', die bisher aus der „Offenheit im Hinblick auf Stoffumfang und Zeitaufwand einerseits und Intensität einzelner Unterrichtsphasen andererseits" bestand. (vgl. FEUSER, 1994, 222) Um in Form von Kooperation an einem ‚Gemeinsamen Gegenstand' zu arbeiten, ist diese dritte Dimension der Differenzierung notwendig, um nicht weiterhin an curriculare Vorgaben und Begrenzungen gebunden zu sein.

Der integrative Unterricht muss frei von diesen Zwängen sein, die sich auf die Selektion und Segregierung der Kinder beziehen und damit verhindern, dass die Grundprinzipien der Integration verwirklicht werden können.

5. Zusammenfassung der Positionen

Zusammenfassend möchte ich noch einmal die Positionen innerhalb der Pädagogik kurz umreißen und die Zielvorstellungen formulieren. Rückblickend auf die vier dargestellten Aspekte lässt sich feststellen, dass die Vertreter der Pädagogik die Zeichen der Zeit wahrnehmen und sich Gedanken bezüglich der Zukunft dieser Disziplin machen, wenn auch auf verschiedene Art und Weise.

Auffallend ist, dass sich ein Trend entwickelt, der deutlich von der Defizitorientierung Abschied nimmt und die Individualität des Menschen betont. Zudem gibt es etliche Vertreter, die die Bezeichnung ‚behindert' als Zuschreibung sehen und nicht als Faktum. Diese Ansicht lässt sich entweder aus der gesellschaftlichen Wirklichkeit ableiten oder gründet auf philosophischen Ansätzen wie dem Konstruktivismus. Anders formuliert bedeutet dies, dass Menschen nicht behindert **sind**, sondern von ihrer Umwelt bzw. von ihren Mitmenschen dazu **gemacht werden**. Für die Pädagogik liegt darin ein wichtiger Ansatzpunkt, um die Rolle der Sonderschulen kritisch zu betrachten.

Ist nicht die Tatsache, dass Menschen mit der Zuschreibung ‚behindert' in gesonderten Einrichtungen beschult werden, förderlich für diesen Zuschreibungsprozess?

Eberwein, einer der Vertreter der Integrationsbewegung, fordert deshalb nicht nur die Einführung des integrativen Unterrichts, sondern auch die Auflösung sonderpädagogischer Ausbildungsstätten. Angehende Lehrpersonen sollten bereits in ihrer Ausbildung integrativ geschult werden, um auf die späteren Aufgaben und Problemkreise vorbereitet zu sein. Wie soll Integration sonst möglich sein, wenn die zuständigen Lehrkräfte nur bezogen auf einen Schultyp ausgebildet wurden? Eberwein sieht hierin auch eines der Problemfelder, die in den Integrationsversuchen aufgetaucht sind. (vgl. EBERWEIN, 1994, 344) Die Lehrpersonen unterrichteten auf dem Hintergrund unterschiedlicher Studienschwerpunkte und stießen dabei an schultypübergreifende Grenzen. Wenn Integration sinnvoll und konstruktiv verwirklicht werden soll, müssen sich die Lehrkräfte auf eine gemeinsame Basis berufen können, die in der Ausbildungsphase angelegt wird.

Es ist zu vermuten, dass die Öffnung der Grenzen von einem Schultyp zum nächsten auch zu einer Perspektiverweiterung aller Pädagogen führen könnte. Betrachtet man Integration bezogen auf die gesamte Gesellschaft, wie es Speck in seinem Beitrag über *soziale Zugehörigkeit* ausführt, so stellt sich die Frage, ob dies als Voraussetzung für schulische Integration anzusehen ist oder sich diese beiden Prozesse parallel nebeneinander entwickeln.

Ist die gesellschaftliche Akzeptanz von Menschen mit Behinderung nicht grundlegend notwendig für ihre schulische Eingliederung? Oder kann umgekehrt die schulische Integration das Bild von Menschen mit Behinderung in der Gesellschaft verändern? Eine Antwort auf diese Fragestellung soll in dem sich anschließenden Resümee formuliert werden.

Eine weitere Strömung in der Pädagogik leitet sich aus den Beiträgen von Lévinas ab, der mit seinen Ausführungen zu der ‚Andersheit des Anderen' und dessen ‚Antlitz' die Grundlage für eine Ethik innerhalb der Pädagogik bietet, die sich damit befasst, den Anderen in den Mittelpunkt zu stellen, auf den man sich bezieht bzw. dem man sich zuwendet. Gleichzeitig betont er die Verantwortung jedes Einzelnen, das „Sein des Anderen zu schützen und zu bewahren." (vgl. DEDERICH, 2000, 164) Auch wenn Lévinas von Vertretern der Pädagogik als ‚unzureichend' in Bezug auf die Realität bezeichnet wird, finden seine Gedankengänge großen Zuspruch. Der Pädagogik kommt deshalb auch in Zukunft die Aufgabe zu, ethische Standpunkte kritisch zu betrachten, um daraus eine Ethik für die Pädagogik abzuleiten, aus der der Bezug zur Wirklichkeit ersichtlich ist. Im Gegensatz zur Ethik und Philosophie im Allgemeinen besteht für die Disziplin Pädagogik der Anspruch, realitäts- und praxisbezogen zu sein, der dort liegt der Schwerpunkt ihres Aufgabenfeldes.

Die geforderte kritische Betrachtungsweise muss sich auch auf Phänomene beziehen, die gesellschaftlich an Bedeutung gewinnen wie z. B. der Pränataldiagnostik. Während der Trend offensichtlich in Richtung Prävention

und damit in Richtung Vermeidung behinderten Lebens geht, verfolgt die Pädagogik im verstärkten Maße ihre Integrationsbemühungen.
Ist dies nun ein Widerspruch?
Antor stellt in seinem Beitrag zur „Förderung schwerstbehinderter Menschen" fest, dass sich

> „die Integrationsbewegung [schwer tut], mit diesem Widerspruch zu leben, obwohl sie sich doch moralisch völlig unstrittiger pädagogischer Mittel bedient: **Prävention** von Behinderung, z.B. bei lern-, sprach- und verhaltensauffälligen Kindern, und **Integration** auch des Geistigbehinderten in einem zieldifferenten Unterricht." (ANTOR, 1991, 220)

Selbst Singer, der behindertes Leben als ‚vermeidenswert' hält, stellt sich diesem Widerspruch von Prävention und Integration, indem er für die bestmögliche Versorgung und Förderung von Menschen mit Behinderung eintritt. In seinem Fall grenzt dies sicher an einen unüberbrückbaren Gegensatz, doch in Bezug auf die Pädagogik ist zu betonen, dass sie sich den gesellschaftlichen Tendenzen nicht verschließen kann und mit diesem Widerspruch zu leben hat.

Daraus ergibt sich die Forderung der Pädagogik an die Gesellschaft, finanzielle Mittel nicht zunehmend für den Ausbau humangenetischer Beratungsstellen bereit zu stellen, sondern zu Gunsten der wachsenden Integrationsmaßnahmen. Eine weitere Forderung könnte sich auf das bestehende Schulsystem und eine notwendige Reformierung beziehen. Wie bereits angesprochen würde dies auch eine Reform der Lehrerausbildung nach sich ziehen, die im erweiterten Maße integrativ ausgerichtet sein müsste.

Abschließend ist zu bemerken, dass die Pädagogik mehr als bisher in interdisziplinären Diskussionen vertreten sein muss, um ihre Interessen und Standpunkte einfließen zu lassen. Es wäre beispielsweise zu überlegen, ob in ethischen Gremien einer Frühgeborenen-Intensivstation auch ein Vertreter der sonderpädagogischen Disziplin beiwohnen sollte, der Perspektiven im Bereich der Frühförderung und/ oder Schule aufzeigen könnte.

Außerdem darf sich die Pädagogik nicht mehr den Vorwurf machen lassen, sich aus ethischen Diskussionen herauszuhalten, in denen Vertreter des Präferenzutilitarismus wie z. B. Singer anwesend sind, da sie deren Ansichten für nicht diskussionswert halten. Sie muss sich diesen Ansätzen stellen und eine Gegenposition vertreten, die deutlich macht, dass das Recht auf Leben ein unerschütterliches Grundrecht darstellt und nicht auf der Basis von Kriterien wie Rationalität oder Selbstbewusstsein verwehrt werden darf.

VI. Resümee

Noch immer steht die Frage im Raum: Ist dieses Kind zu behindert für diese Welt?

Aus den vergangenen Kapiteln ist deutlich geworden, dass sich diese Frage nicht nur auf Fälle wie das ‚Oldenburger Baby' bezieht, sondern auf alle, die in irgendeiner Weise mit einer ‚Auffälligkeit' zur Welt kommen würden bzw. gekommen sind.

Ruft man sich noch einmal die in der Einleitung gestellten Fragen ins Gedächtnis, so fallen einem zunächst die Begriffe ‚Behinderung', ‚Abtreibung' und ‚unerwünscht' ein, die das gesamte Feld der Pränataldiagnostik charakterisieren. Aus den bisherigen Ausführungen lässt sich deutlich ablesen, dass die Gründe für oder gegen eine Abtreibung nicht nur bei den Eltern zu suchen sind. Von wem dieses Kind nun ‚unerwünscht' ist, lässt sich möglicherweise nicht auf einzelne Personen festmachen, sondern ist das Ergebnis einer ganzen Gesellschaft, die mit ihren Idealen und Normen gewisse Entscheidungen stark beeinflusst. Als Konsequenz daraus stellt sich die Frage, ob die gleichen Eltern anders entscheiden würden, wenn sie in einer anderen Gesellschaft leben würden. Ohne dieser Frage mit Hilfe von Statistiken oder empirischen Erhebungen auf den Grund gehen zu wollen, lässt sich doch mit Sicherheit sagen, dass die gesellschaftspolitischen Einflüsse von eklatanter Bedeutung sind und in ihrer Vielfalt zu unterschiedlichen Ergebnissen führen können.

Vielfach wurde auch der Einfluss des medizinischen Fortschritts genannt, der ebenso dazu beiträgt, die Begrifflichkeiten ‚gesund' und ‚behindert' zu prägen. Das Ziel der Pränataldiagnostik, mit Hilfe von speziellen Verfahren, Krankheitsbilder, Chromosomenveränderungen, etc. aufzudecken, um dieses Leben möglicherweise zu verhindern, wird in Zukunft erweitert werden durch die Möglichkeit, intrauterine Therapieformen anzuwenden, um bestimmte ‚Abweichungen' bereits vor der Geburt zu behandeln. Das

‚perfekte' Baby rückt immer näher, oder ist es nur unsere Vorstellung von Perfektion, die in greifbare Nähe rückt und uns in gewisser Weise Macht vermittelt? Schon jetzt besteht die Möglichkeit, sich bei der künstlichen Befruchtung durch eine Samenspende ein Kind mit den gewünschten Körpermerkmalen wie Haut-, Augen- und Haarfarbe oder weiteren Merkmalen wie Herkunft, zu erwartende Intelligenz, etc. auszuwählen. Wird unsere Zukunft davon geprägt sein, alles nach unseren Wünschen zu wählen und Nicht-Erwünschtes auszusondern?

Um dieser ‚Horrorvorstellung' zu entgehen und bestimmte Trends aufzuhalten, sind viele Faktoren notwendig. In Bezug auf die Medizin ist an dieser Stelle zunächst die Sichtweise und Position der Ärzte zu nennen, die im Bereich der ethischen Gremien den dominantesten Platz einnehmen, da sie für die medizinische Prognose und die Behandlung zuständig sind und damit auf die Entscheidung der Eltern in großem Maße einwirken. Aus einem Gastvortrag von Marlene Kraus, einer Mitarbeiterin des Vereins ‚Frühchen e.V.', ging hervor, dass das ethische Gremium lediglich eine Empfehlung für oder gegen weitere medizinische Maßnahmen gegenüber den Eltern ausspricht, die letztendliche Entscheidungsgewalt jedoch bei den Eltern liegt. Aus der Erfahrung heraus ist jedoch zu betonen, dass diese Entscheidung in dem überwiegenden Teil der Fälle mit der Empfehlung der Ethik-Kommission übereinstimmt. Der Einfluss der Empfehlung der Kommission auf die Eltern ist also von außerordentlicher Bedeutung. Diese Empfehlung sollte daher umso überlegter und aus ethischer Sicht fundierter ausgesprochen werden.

Wie jedoch aus der Untersuchung von Zimmermann/ Zimmermann hervorging, weicht die Praxis in den einzelnen Kliniken entscheidend voneinander ab. Zudem gibt es in den meisten Fällen keine ethische Grundlage, auf die sich die Ärzte berufen können. Die zitierten Richtlinien der Bundesärztekammer stellen für einen Großteil der Ärzteschaft ebenfalls keine geeignete Grundlage zur Begründung der Praxis dar. Zugleich äußerten die befragten Mediziner den Wunsch, bereits in der Ausbildung in verstärktem Maße mit der ethischen Relevanz und Theorie konfrontiert zu werden, um im späteren Berufsleben auf ethisch problematische Entscheidungssituationen vorbereitet zu sein. Daraus lässt sich schlussfolgern, dass die Auseinandersetzung mit ethischen Positionen ein wichtiger Baustein in der Entstehung der eigenen ethischen Position darstellt und somit unbedingt in die Ausbildung von Ärzten und von dem Klinikpersonal aufgenommen werden sollte.

Ein weiterer Baustein in der Entstehung der Definition von ‚behindert' und ‚unerwünscht' stellt in meinen Augen die Bioethik-Konvention dar. Sie ist Teil des Bildes vom ‚perfekten Menschen', da die Forschung an Embryonen, die Manipulation des Genmaterials und das Klonen nicht legalisiert, aber zumindest thematisiert werden. Sie leistet einen Beitrag dazu, diese Forschungs- und Manipulationsmethoden ins Blickfeld der Öffentlichkeit zu bringen, mit dem Ziel, die unbedingte Notwendigkeit zur Vermeidung von Krankheiten zu verdeutlichen. Obwohl es momentan noch rechtliche Regelungen wie das Embryonenschutzgesetz oder das Verbot des Klonens gibt, ist es möglicherweise nur eine Frage der Zeit und des internationalen Drucks, wann die Grenzen weiter in Richtung Manipulation und Forschung verschoben werden. Für den Menschen erwächst daraus der Gedanke, künstlich herstellbar und ersetzbar zu sein. Ohne Horrorszenarien im Science-Fiction-Stil zeichnen zu wollen, liegt die Befürchtung nahe, dass Forschungsinteressen und wirtschaftliche Faktoren an Einfluss gewinnen und damit die ethischen Grenzen in einem Abkommen der Bioethik verschieben könnten.

Etliche Initiativen und Interessengemeinschaften wie beispielsweise IPPNW (International Physicians for the Prevention of Nuclear War), die sich mit Veröffentlichungen gegen die Bioethik-Konvention richten, setzen alles daran, die Diskussionspunkte um die Inhalte der Konvention in das Blickfeld der Öffentlichkeit zu bringen und damit die Debatte nicht unter Ausschluss der Öffentlichkeit in ‚Expertenkreisen' führen zu lassen. Die Autoren des ‚Nürnberger Kodex 1997' beispielsweise orientieren sich an „den Idealen der individuellen Medizin" und treten für eine „menschenwürdige Medizin" ein. (vgl. WUNDER/NEUER-MIEBACH, 1998, 168) Sie appellieren damit an die gesamte Gesellschaft, die von diesen Bestimmungen betroffen ist, damit sie Anteil nehmen kann an der Diskussion um die strittigen Punkte der Bioethik-Konvention. Inwieweit solche Initiativen ihre Ziele auch erreichen, ist nicht vorauszusagen, doch es gilt die Devise: ‚Wer kämpft, geht die Gefahr ein zu verlieren. Wer nicht kämpft, hat schon verloren!'

Diese Devise bezieht sich auf alle in der Medizin, in der Ethik und in der Gesellschaft herrschenden Negativtendenzen, denen man entgegenwirken sollte. In allen drei Bereichen ist dies unter anderem mit Hilfe von Öffentlichkeitsarbeit zu bewerkstelligen, da die Öffentlichkeit größeren Druck auf die zuständigen Vertreter beispielsweise in der Politik ausüben kann als einzelne Personen oder kleinere Initiativen. In Bezug auf die Medizin wurde bereits dargestellt, welches Defizit im Bereich der ethischen Auseinandersetzung schon in der Phase der Ausbildung besteht und dass von Seiten der Ärzte in diesem Bereich eine Änderung gefordert wird.
Doch in welcher Weise ist ein solcher Gegentrend in der Ethik zu verzeichnen?
Im Gegensatz zur Medizin scheint es in der Ethik einen Kreis von ‚Experten' zu geben, die auf der Basis bereits bestehender Ansätze neue Gedanken formulieren und begründen. Als Beispiel ist hier Singer zu nennen, der auf der Grundlage des Utilitarismus eine weitere Form entwickelt hat, den bereits dargestellten Präferenz-Utilitarismus. Er legt damit ein fundiertes Gedankengerüst dar, das nur durch ebenso fundierte Argumente kritisiert und in Frage gestellt werden kann. In Kapitel 3 wurden einige Vertreter, die sich in ihrer Argumentation gegen Singer und dessen Thesen richten, aufgeführt. Was dabei auffällt, ist die Tatsache, dass Singer die Existenz von Gefühlen nicht zu beachten scheint, während Philosophen wie Hans Jonas von der unbedingten Verbindung von ‚Kopf und Herz' sprechen. Aus der Sicht von jemandem, der bereits viele Erfahrungen mit Menschen mit Behinderung gemacht hat, ist die Position Singers schon deshalb fragwürdig, da er eben diese Ebene völlig vernachlässigt. In gewisser Weise wird man durch die Arbeit dazu gezwungen, flexibel zu sein. Denn ohne diese Eigenschaft ist es mir nicht möglich, mich auf derart unterschiedliche und

in vielen Fällen auch extreme Charaktere einzustellen. Wie Barbara Fornefeld festgestellt hat, ist es die Fremdheit und das Ungewohnte, das uns zunächst an Menschen mit Behinderung auffällt. Sie fallen in den unterschiedlichsten Bereichen in irgendeiner Weise ‚aus dem Rahmen' und fordern uns dadurch heraus, uns mit diesem Fremden zu beschäftigen, uns darauf einzulassen. Ruft man sich Singers Thesen ins Gedächtnis, so zweifelt man daran, dass er dies je versucht hat. Allein die Behauptung, dass ihnen die Kommunikationsfähigkeit oder die Zeitvorstellung fehle, lässt vermuten, dass er nie wirklich versucht hat, diese Fähigkeiten zu entdecken. Dazu wiederum verlangt es mehr als nur die wissenschaftliche Erhebung. Die Frage, was Kommunikation ist, soll hier nicht weiter thematisiert werden, doch Singers Beispiele von ‚kommunizierenden' Schimpansen hinkt, wenn man bedenkt, dass Menschen ihnen diese Gebärden in stundenlangem Training beigebracht haben.

Bei Menschen, denen die Fähigkeit, sich verbal oder schriftlich auszudrücken fehlt, muss man weitere Methoden finden, um sich mit ihnen auszutauschen. Jede Form der Körpersprache, verschiedene Formen der Unterstützten Kommunikation, der Atemdialog und weitere Möglichkeiten der Kommunikation müssen auf den einzelnen Menschen abgestimmt und modifiziert werden, um ihm die Chance zu geben, sich zu äußern. Dazu braucht es vor allem Sensibilität für die Signale, die mein Gegenüber mir zusendet. Es ist eben diese Verbindung von Herz und Verstand, von der Jonas oder Dederich sprechen.

Singer und andere Vertreter des Präferenz-Utilitarismus stellten in ihrer Reaktion auf kritische Äußerungen ihre ‚Gegner' und deren Argumentation häufig als irrational und emotionsgeladen dar. Dies mag bezogen auf die Protestbewegungen bei Singers ersten Besuchen in Deutschland eine berechtigte Kritik sein. Doch in Verbindung mit den Argumenten für bzw. gegen das Lebensrecht von Menschen kann die Gefühlsebene nicht vernachlässigt werden. Wie Jonas ausführlich dargestellt hat, ist der emotionale Bereich entscheidend daran beteiligt, was wir *Verantwortung* nennen. Eine rein rationale Vorgehensweise bei der Diskussion um Lebensrecht und Lebenswert ist daher nicht angebracht. Vielmehr sollte von den Vertretern des Präferenz-Utilitarismus der emotionale Aspekt im Sinne von Jonas miteinbezogen werden.

Die im Utilitarismus gängige Methode der Errechnung des Nutzens für die Gemeinschaft ist in unserer Gesellschaft ein ebenso gebräuchliches Argument, um Einsparungen zu rechtfertigen oder beispielsweise zu belegen, dass die Errichtung von humangenetischen Beratungsstellen sich unter dem Strich als effizienter erweist als wenn man den gleichen Betrag für die Finanzierung von sozialen Einrichtungen, Schulen, etc. aufbringt. Dies ist keine zulässige Aufrechnung, sondern die Rechtfertigung von eugenischem Denken. Nicht die Vermeidung von Menschen mit Behinderung darf das Ziel sein, sondern die Akzeptanz von allen Menschen muss an höchster Stelle stehen.

Wie in dem Kapitel zum gesellschaftspolitischen Aspekt deutlich wurde, sind viele Faktoren dafür verantwortlich, wie sich das Bild von Menschen mit Behinderung entwickelt. Noch einmal möchte ich an dieser Stelle das in einem populärwissenschaftlichen Medizinlexikon abgebildete Foto eines Kindes mit Down-Syndrom nennen, das kennzeichnend für die verbreitete Sichtweise ist, dass diese Menschen **leiden**. Keiner, der dieses Bild sieht, kommt auf den Gedanken, dass dieses Kind ein ebenso erfülltes und glückliches Leben führen kann, wie ein nicht-behindertes Kind. Gleichzeitig jedoch kann jedes Elternpaar eines nicht-behinderten Kindes bestätigen, dass man ihr Kind beispielsweise in der Phase einer Erkrankung in ebenso ‚leidender Verfassung' ablichten könnte. Was spricht dann also dagegen, ein lachendes Kind mit Down-Syndrom abzubilden?

An dieser Stelle möchte ich die Verbindung zur Integration herstellen, die man bezogen auf die gesellschaftliche Dimension oder in Bezug auf die schulische Dimension betrachten kann. Es geht dabei nicht um die Entscheidung für die eine oder andere Seite, sondern um die Frage, in welchem Ausmaß sie sich gegenseitig beeinflussen oder bedingen.

Von meinem Standpunkt aus würde ich beide Prozesse als gleichwertig betrachten, wobei sie sich gegenseitig begünstigen, aber auch negativ beeinflussen und somit bremsen können. Ruft man sich die gesellschaftspolitischen Tendenzen unserer vom Pluralismus geprägten Zeit ins Gedächtnis, so könnte man pessimistisch feststellen, dass die Hoffnung auf steigende Akzeptanz von Menschen mit Behinderung nicht realistisch sei. Die Pädagogik kann mit ihrem Konzept des integrativen Unterrichts nicht die Aufgabe erfüllen, die Gesellschaft zu mehr Akzeptanz zu ‚zwingen'. Sie kann lediglich ihren Beitrag dazu leisten, diese Problematik zu thematisieren und neue Impulse zu geben. Dies allein reicht jedoch nicht aus, um große Veränderungen zu bewirken.

Alle beschriebenen Aspekte müssen in ihrer Brisanz berücksichtigt und mit der genannten Öffentlichkeitsarbeit stärker ins Bewusstsein der Gesellschaft gebracht werden. Dabei ist zu beachten, dass das In-Gang-Setzen von Veränderungen in unserer Gesellschaft schnell an die Grenzen des Pluralismus stößt. Die Vielfalt von Meinungsbildern und Weltanschauungen scheint ein unüberwindbares Hindernis bei der Schaffung von Werten, die für alle gelten und von allen eingehalten werden sollen. Wieder steht man vor dem Gegensatz des Pluralismus und Kommunitarismus, den es nicht aufzuheben, sondern in seiner Widersprüchlichkeit aufzunehmen gilt, um daraus neue Impulse zu entwickeln. Es würde den Rahmen dieser Arbeit sprengen, die Problematik und Dynamik von gesellschaftlichen Veränderungen beispielsweise in Bezug auf die Rolle der Politik näher zu beleuchten.

In dieser Arbeit war der ‚Wert' einer der zentralen Begriffe, auf die immer wieder Bezug genommen wurde. Es ging dabei vor allem um den **Wert des Lebens** und um die Kriterien, an denen man diesen Wert messen könnte. Was bisher eher unbeachtet blieb, ist der Begriff der **Würde**, die nach unserem Grundgesetz unantastbar gilt. Doch im Laufe der Ausführungen ist deutlich geworden, dass diese Unantastbarkeit nicht für alle Menschen gilt. Es entspricht der gängigen Praxis, die Würde eines Menschen mit dessen Wert gleichzusetzen und damit beispielsweise die Praxis des Liegenlassens bei schwerstgeschädigten Neugeborenen zu rechtfertigen. Ebenso wäre hier die Ersetzbarkeitsregel nach Singer zu nennen, die ein behindertes Kind

‚zum Tode verurteilt', wenn dafür ein anderes Kind von den Eltern zur Welt gebracht wird. Die Würde des Menschen wird dabei nicht beachtet. Vielmehr steht das ‚Verfügen' über diesen Menschen, der in dieser Situation eher Hilfe und Unterstützung bräuchte, im Vordergrund.

„Die Würde aber gibt es erst dort, wo wir bereit sind, auf die Befriedigung unserer Belange durch die Verfügung über andere Menschen zu verzichten, sei es, um persönliche Mühen oder gesellschaftliche Kosten einzusparen oder uns dadurch von Angst befreien, dass wir ein Leben beenden, das uns als eines erscheint, das wir uns selbst nicht wünschen." (FEUSER, 1998, 7)

Feusers Worte klingen hart und lassen vermuten, dass es große Bemühungen braucht, um die Würde des Menschen in der angegebenen Weise zu wahren. Er bezeichnet die Würde als eines der „höchsten Güter" und ruft dazu auf, es durch Integration zu verteidigen. (vgl. FEUSER, 1998, 10)

Rückblickend auf die einzelnen Problemkreise sind dabei sicher einige Aspekte nicht in ihrem vollständigen Ausmaß aufgezeigt worden. Doch der Anspruch dieser Arbeit lag darin, ein Mosaik zu entwerfen, in dem eine möglichst breite und interdisziplinäre Vielfalt von Aspekten zu der Fragestellung *Zu behindert für diese Welt?* dargestellt wird.

Aus meiner persönlichen Praxiserfahrung mit Menschen mit Behinderung erlebe ich die Arbeit mit diesen Menschen als bereichernd und vor allem horizonterweiternd. Nur durch sie stelle ich eigene Normen und Werte in Frage. Nur durch sie kommen Zweifel auf, ob die eigenen Ideale auch wirklich die ‚richtigen' sind. Für jeden, der diese Erfahrungen gemacht hat, werden die Thesen Singers empörend und unverständlich sein. Jeder wird sofort ein Gesicht eines Menschen vor dem inneren Auge haben, den es nach Singers Theorie nicht geben dürfte. Gleichzeitig machen die gesellschaftlichen Tendenzen und biotechnischen Entwicklungen Angst vor der Verbreitung dieses eugenischen Denkens.

Ich möchte mich deshalb Feusers Worten anschließen, der den Zuhörern der Jubiläumsrede der Arbeitsgemeinschaft Integration Heidenheim e. V. folgende Worte mit auf den Weg gab:

> „die Kraft, den Mut und den Kampfesgeist, die Wahrung der Würde des Menschen zu verteidigen." (vgl. FEUSER, 1998, 10)

Literaturverzeichnis

ANSTÖTZ, CHRISTOPH: Heilpädagogische Ethik auf der Basis des Präferenz-Utilitarismus. In: Behindertenpädagogik 4/ 1988, S. 368-382

ANSTÖTZ, CHRISTOPH: Ethik und Behinderung. Ein Beitrag zur Ethik der Sonderpädagogik aus empirisch-rationaler Perspektive. Berlin 1990

ANTOR, GEORG: Die Förderung schwerstbehinderter Menschen. Ethische und pädagogische Fragen. In: Zeitschrift für Heilpädagogik 4/ 1991, S. 217-229

ANTOR, GEORG/ BLEIDICK, ULRICH: Recht auf Leben- Recht auf Bildung. Aktuelle Fragen der Behindertenpädagogik. Heidelberg 1995

ANTOR, GEORG: Kommunitarismus. In: Sonderpädagogik 3/ 1996, S. 160-167

ARZ DE FALCO, ANDREA: Töten als Anmassung - Lebenlassen als Zumutung. Die kontroverse Diskussion um Ziele und Konsequenzen der Pränataldiagnostik. Freiburg Schweiz 1996

BECK-GERNSHEIM, ELISABETH: Was kommt nach der Familie ?- Einblicke in neue Lebensformen. München 1998

BLATT, ROBIN J.: Bekomme ich ein gesundes Kind? Chancen und Risiken der vorgeburtlichen Diagnostik. Hamburg 1991

DEDERICH, MARKUS: Behinderung Medizin Ethik. Behindertenpädagogische Reflexionen zu Grenzsituationen am Anfang und Ende des Lebens. Bad Heilbrunn/ Obb. 2000

DEGENER, THERESIA: Humangenetische Beratung, pränatale Diagnose und (bundes) deutsche Rechtsprechung. In: STEIN, ANNE- DORE (Hg.): Lebensqualität statt Qualitätskontrolle menschlichen Lebens. Berlin 1992

DREHER, WALTHER: Vom Menschen mit geistiger Behinderung zum Menschen mit besonderen Erziehungsbedürfnissen. Umdeutung eines „Unabänderlichen" oder ein grundlegender Paradigmenwechsel in der (Sonder-)Pädagogik. In: DÖRR, GÜNTER (Hg.): Neue Perspektiven in der Sonderpädagogik. Düsseldorf 1998

EBERWEIN, HANS (Hg.): Behinderte und Nichtbehinderte lernen gemeinsam. Handbuch der Integrationspädagogik. Weinheim/ Basel 1994[3]

FEUSER, GEORG: Wider die Unvernunft der Euthanasie. Grundlagen einer Ethik in der Heil- und Sonderpädagogik. Luzern 1992

FEUSER, GEORG: Aspekte einer integrativen Didaktik unter Berücksichtigung tätigkeitstheoretischer und entwicklungspsychologischer Erkenntnisse. In: EBERWEIN, HANS (Hg.): Behinderte und Nichtbehinderte lernen gemeinsam. Handbuch der Integrationspädagogik. Weinheim/ Basel 1994³, S. 215-226

FORNEFELD, BARBARA: Menschen mit (schwersten) Behinderungen eine Herausforderung für die Pädagogik? – Ermutigung zur Reflexion pädagogischen Handelns. In: DÖRR, GÜNTER (Hg.): Neue Perspektiven in der Sonderpädagogik. Düsseldorf 1998

HOERSTER, NORBERT: Neugeborene und das Recht auf Leben. Frankfurt a. M. 1995

KOBUSCH, WILMA: Ethik „in" - Menschlichkeit „out". Zum gesellschaftlichen Hintergrund der Ethik-Debatte. In: BUNDESVERBAND FÜR SPASTISCH GELÄHMTE UND ANDERE KÖRPERBEHINDERTE E.V.: Eingriffe- Angriffe. Über die Bedrohung menschlichen Lebens durch medizintechnische und gesellschaftliche Entwicklungen. Düsseldorf 1992

KREBS, RENÉE: Bioethik contra Menschenwürde. Gleiche Menschenrechte für alle! Kassel 1998

MÜRNER, CHRISTIAN/ SCHMITZ, ADELHEID/ SIERCK, UDO (Hg.): Schöne, heile Welt? Biomedizin und Normierung des Menschen. Hamburg/ Berlin 2000

RÖSLER, ROLAND (Hg.): Biologie im Horizont der Philosophie. Der Entwurf einer europäischen „Bioethik"-Konvention. Frankfurt a.M. 1997

SCHINDELE, E.: Gläserne Gebär-Mütter. Frankfurt 1992

SINGER, PETER: Praktische Ethik. Stuttgart 1994²

SPAEMANN, ROBERT: Sind alle Menschen Personen? Über neue philosophische Rechtfertigungen der Lebensvernichtung. In: STÖSSEL, JÜRGEN-PETER: Tüchtig oder Tot. Die Entsorgung des Leidens. Freiburg i.Br. 1991

SPECK, OTTO: Die soziale Integration von Menschen mit Behinderungen. In: ANTOR, GEORG/ BLEIDICK, ULRICH: Recht auf Leben- Recht auf Bildung. Aktuelle Fragen der Behindertenpädagogik. Heidelberg 1995

SPECK, OTTO: Bildung- ein Grundrecht für alle. In: DÖRR, GÜNTER (Hg.): Neue Perspektiven in der Sonderpädagogik. Düsseldorf 1998

STEIN, ANNE- DORE (Hg.): Lebensqualität statt Qualitätskontrolle menschlichen Lebens. Berlin 1992

STOLK, JOHANNES: Geistig behindert mit dem Verlangen, auch jemand zu sein. In: STOLK, J./ EGBERTS, M.J.A. (Hg.): Über die Würde geistig behinderter Menschen. Zwischen Verlangen und Wirklichkeit. Marburg/ Lahn 1990

THIMM, WALTER: Medizinethik und Behindertenpädagogik. Anmerkungen aus der Sicht der Behindertenpädagogik. In: ZWIERLEIN, E. (Hg.): Gen-Ethik. Zur ethischen Herausforderung durch die Humangenetik. Idstein 1993, S. 81-94

WUNDER, MICHAEL/ NEUER-MIEBACH, THERESE (Hg.): Bio-Ethik und die Zukunft der Medizin. Bonn 1998

ZIMMERMANN, BEATE: Zwang zur Vollkommenheit- Perspektiven der Gentechnologie am Menschen. In: STEIN, ANNE- DORE (Hg.): Lebensqualität statt Qualitätskontrolle menschlichen Lebens. Berlin 1992

ZIMMERMANN, MIRJAM/ ZIMMERMANN, RUBEN/ VON LOEWENICH, VOLKER: Die Behandlungspraxis bei schwerstgeschädigten Neugeborenen und Frühgeborenen an deutschen Kliniken. In: Ethik Med 9/ 1997, S. 56-77

Internet-Beiträge

BUNDESMINISTERIUM FÜR GESUNDHEIT: Gesetz zum Schutz von Embryonen. In: www.bmgesundheit.de 1990

BUNDESMINISTERIUM DER JUSTIZ: Menschenrechtsübereinkommen zur Biomedizin (vorläufige Arbeitsübersetzung). In: www.home.bn-ulm.de 1996

DIPPELHOFER, MISCHA: Grundgesetz für die Bundesrepublik Deutschland (GG) vom 23.Mai 1949 (BGBI. S.1). In: www.netcs.com 1995

EMMRICH, MICHAEL: Der allmähliche Abschied vom Nürnberger Kodex. Warum die Bioethik-Konvention des Europarates für einen Paradigmawechsel steht und was die Behindertenverbände deshalb fürchten. In: www.behinderte.de 1997

FEUSER, GEORG: „Die Würde des Menschen ist antastbar". In: www.lag-bw.de 1998

FIETZ, MARTINA: Denkpause bei Bioethik verlangt. Kritiker der geplanten Konvention des Europarates machen mobil. In: www.uni-heidelberg.de 1997

KELLER, ANDREA: Bioethik-Konvention diskriminiert behinderte Menschen. In: www.hintergrund.com 1997

Bildnachweis

Abb. auf S.77 entnommen aus:
VON HARNACK, GUSTAV-ADOLF / KOLETZKO, BERTHOLD: Kinderheilkunde. Berlin, Heidelberg, New York 1997[10], S. 29/ Abb. 3.1.

www.ingramcontent.com/pod-product-compliance
Lightning Source LLC
Chambersburg PA
CBHW020128010526
44115CB00008B/1030